Thorsten Becker

Agrippina

Senecas Trostschrift für den
Muttermörder Nero

ARCHE
PARADIES

Für Uschi

I

Nero, du verlangst von mir, daß ich mich töte. Noch hast du den Centurio nicht losgeschickt mit dem Befehl. Vielleicht schickst du ihn morgen. Vielleicht in einer Woche. Macht es einen Unterschied, ob er heute kommt, ob morgen, ob in einer Woche, in einem Mond, in einem Jahr, oder ob er am Ende ganz ausbleiben wird? Wer in Ruhe lebt, kann auch in Ruhe sterben.

Nicht also um mich selbst, Nero, bin ich in Sorge oder auch nur aufgeregt. Du entließest mich mit einer Bitte. Ich bin, schon als du ein Knabe warst und ich dir Unterricht erteilte, nie etwas anderes gewesen als dein Diener. »Ich brauche Trost«, sagst du, »und wer außer Seneca vermag mir Trost zu spenden? Wer außer Seneca kann meine kranke Seele heilen?«

Du findest diesen Trost, nach dem du suchst, nicht bei Poppea, wenn du in ihren Armen liegst, nicht, wenn ich dir eine Stelle aus dem Epikur vorlese und auf das beziehe, was dich grad betrifft. In deinen Ausschweifungen und Blutgerichten suchst du ihn erst recht vergeblich.

»Der Geist meiner Mutter«, sagst du, »würgt und schüttelt mich bei Tag und Nacht. Er starrt mich an aus Augen groß wie Räder, wenn ich mit meinen Freigelassenen die Staatsgeschäfte regle, er flüstert hinter mir mit scharfer, böser Zunge, wenn ich in meinen Gärten wandle; tobend, wütend taucht er auf in jedem meiner Träume, bis ich schweißnaß in meinem Bett erwache.«

Du glaubst, du könntest dich von dem Gespenst, dessen Allgegenwart dich auf eine Weise peinigt, daß es auf deine kleinste Handlung seinen Einfluß übt, erlösen, indem du es im Traum erschlägst. Doch ist da jedesmal, wenn träumend du die Hand gegen deine Traumerscheinung hebst, diese sonderbare Kraft, die dich erstarren läßt in der Bewegung. Deine Mutter, wenn sie dich so sieht, versteinert, wehrlos, ihrer nächsten Laune ausgeliefert, bricht in Hohngelächter aus, bis du vor Wut und Zorn darüber, daß du nicht platzen kannst, erwachst.

Der Wein, nur der Wein, und selbst er erst, wenn du ihn in des Übermaßes Übermaß genießt, kann das Gespenst verscheuchen, so daß du für ein, zwei Stunden, bis das Bewußtsein ganz erlischt, etwas, was der Freude ähnelt, fühlst. Endlich schenkt der Rausch dir einen Schlaf von solcher Dumpfheit, daß dich seine Träume nicht mehr plagen können. Doch kurz währt dieser Schlaf der Steine. Es findet in ihm der Körper die Erholung nicht, der Geist nicht die Erquickung, die sie brauchen, und du erwachst als einer, den du so hasst, daß du wünschen mußt, du wärest nie geboren worden.

Jetzt ist es, wenn auch die Sonne ihre Strahlen freundlich wärmend in dein Zimmer wirft, der Gedanke an Geburt, der, kalt, grau, schwer wie Blei, das Bild der Mutter vor dich ruft. Du spürst, das bist nicht du, der den Gedanken denkt, nein, umgekehrt, er ist es, der Gedanke, der dich am Zügel hält und lenkt wie der geübte Reiter unter sich das willenlose Tier. Wie jeder Weg, den wir betraten, uns früher oder später doch nach Rom geführt hat, bleibt es einerlei, welcher der tausend Gedanken, die in dir wohnen, jetzt zur Oberfläche drängt und von dir Besitz ergreift, weil er an einer Kette hängt, die, wenn nicht mit dem nächsten, so doch mit ihrem übernächsten Glied an deine Mutter angeschmiedet ist.

»Etwas«, sagst du, »gibt es, was mir zwar nicht die Ruhe und die Freiheit schenkt, was aber meinen Schmerz in einer Art verwandelt, die ihn erträglich, ja beinah genießbar werden läßt: wenn ich die Saiten der Kithara zupfe und in Gesängen meine Stimme sich zum Lied der Klage hebt.« Kann man dich singen hören, Nero, ohne dabei diese süße Lust am Leiden im eignen Herzen zu empfinden, so daß wir erst wahrhaft traurig werden, wenn du dein Spiel geendigt hast? Wie muß es dir selbst ergehen, wenn erst die Kunst dir hilft, das Leid in Lust zu wandeln, so daß du seine Dauer wünschst, dann aber diese von Kunst erschaffne Lust gleich jeder Lust, wie sie schon Natur uns bietet, ermattet und dich an den ungesüßten Schmerz zurückgibt?

Ist nicht auf die Länge hin betrachtet der Gesang ein falscher Freund von solcher Tücke und Gefährlichkeit, daß er sich dem Wein vergleichbar macht? Hat der Gesang nicht mit dem Wein gemein, daß er dich mit unverschämten Schmeicheleien zu sich lockt und dich jene Minute eines faulen Glückseligkeitsempfindens mit tagelanger Reue und Zerknirschtheit zahlen läßt?

Du gibst mir recht. »Der Preis ist hoch«, sagst du, »und wäre höher nicht zu treiben. Denn ich zahle dieses kleine Glück nicht mit Sesterzen, von denen ich unendlich viele habe. Ich zahl' ihn mit den Stunden meiner Lebenszeit, die von den Göttern wie jedem Sterblichen so auch dem Kaiser aus demselben Scheffel zugemessen wird. Was will ich tun? Ich muß den Preis, und wollte er noch steigen, unbedingt entrichten, wenn dieses Glück, so faul und kurz es sein mag, sich um Geringres nicht erwerben läßt.«

Ich war dein Diener, Nero, und fliehe nicht aus deinem Dienst, ehe der Centurio, den du mir schicken wirst, mir dazu den Befehl gebracht hat. Kannst du dich erinnern, daß ich in der langen Zeit, da ich dem Prinzen Nero als Erzieher diente, in der längren Zeit, die folgte und in welcher ich zum kaiserlichen Rat in allen Hof- und Staatsgeschäften aufgestiegen bin, ein einziges Mal zu dir gekommen wäre, um etwas von dir zu erbitten? Ja, es ist vorgekommen. Ein Mal, ein einziges Mal hab' ich einen Wunsch geäußert, und du glaubst noch heute, es sei nicht dein Geiz, deine Güte sei's gewesen, die dich hinderte, ihn zu erfüllen.

Ich bat dich, all die Geschenke, mit denen du mich überhäuft, mit denen du mich gegen meinen Willen, den ich dir oft erklärte, zum reichsten Bürger Roms gemacht hast, zurückzunehmen, sie dem Fiskus zuzuführen. Der Besitz, so nanntest du den Grund für deine Weigerung, der Besitz, den ich aus deiner Hand empfing und dessen Umfang ich schon lange nicht mehr überschaue, sei immer noch zu klein als Zeichen für den Grad der Dankbarkeit, wie du sie gegen mich empfindest.

Ich wünschte auch, aus deinem Dienst zu scheiden, und sprach es dir als einen zweiten Teil der Bitte aus. Du hast, seit Burrus sterben mußte, nie wieder einen Rat, den ich dir gab, befolgt. Warum sollte der Staat, warum solltest du mich länger tragen? Wie weit liegt es zurück, daß du mich überhaupt nach meinem Rat gefragt hast? Wie man für eine Angelegenheit, die du dir in den Kopf gesetzt, den Senat gewinnen, andernfalls ihn umgehen oder täuschen könnte, selbst das hast du seit Burrus' Tod ohne meine Hilfe bedacht und durchgeführt.

Muß mir dein Dank, den du in einer Weise übertreibst, daß er den Neid der Ritter und der Senatoren zum schieren Haß auf mich geschürt hat, nicht als blanker Hohn erscheinen? Dem Weisen ist der Reichtum eine Last. Du tötest mich mit all den Ländereien, Villen, Schiffen, mit all dem Vieh und all den Sklaven so sicher wie durch das Urteil, das du über mich gefällt hast.

Der Weise lehnt es ab, sich mit jener Mischung aus Wehmut, Stolz und Reue der Betrachtung seines Lebens hinzugeben, bloß weil er dessen Ende nahen sieht. Trotzdem scheide ich in der Gewißheit, daß du mir, wenn nächstens meine Stunde kommt, Dank schuldig bleiben wirst. Dank nicht von der Art, in der du ihn mir so überreichlich abgestattet, indem du, was du anderen nahmst, mir zugeteilt hast. Dank auch nicht für das, was nach deiner Meinung mein Verdienst um den Glanz, die Beständigkeit und Unumschränktheit deiner Herrschaft über das Imperium war.

Die Philosophie rät uns zur Bescheidenheit. Die Römer, die alles Unbequeme zur Mode machen müssen, haben die Bescheidenheit so übertrieben, daß sich jetzt oft das frechste Eigenlob hinter ihr versteckt. Ich bin kein Römer von Geburt, drum laß mich in der Weise der Männer meiner Heimat wie meine Schuld dir ohne Scham auch mein Verdienst bekennen. Ich habe dir, wenn du im Irrtum warst, stets deinen Irrtum aufgezeigt, es gehört viel Takt dazu, den anderen aus seinem Irrtum zu befreien, ohne ihn zu kränken. Wenn es mir bei dir so oft gelang, dann deshalb, weil ich in mir Tag für Tag, Stunde um Stunde das Bewußtsein davon hegte, daß es etwas gibt, dem selbst der größte Weltenherrscher nicht befehlen, nur gehorchen kann: die Wahrheit.

Nicht ich bin es, sie ist es, die jetzt verlangt, dir zu sagen, daß du irrst, worin du irrst und was du an die Stelle deines Irrtums setzen mußt. Die Götter messen dir die Lebenszeit nicht mit demselben Scheffel zu wie sonst den Sterblichen. Sieh nur auf deinen Onkel Claudius und auf deinen Onkel Gaius Caesar, genannt Caligula, die vor dir Princeps waren.

Die Natur allein besorgt es nicht, daß Menschen friedlich miteinander leben. Die Republik zerfiel im Widerstreit der Interessen. Roms Macht, von außen nicht mehr antastbar, drohte sich durch innren Zwist im eignen Blute zu ertränken. Der vergöttlichte Augustus vermochte es, über den Parteien schwebend, im Imperium die Ordnung und den Frieden wiederaufzurichten, weil er die Macht, die der Bürgerkrieg zersplittert hatte, zusammenfügte und fest in seiner Hand behielt.

Es war, als er regierte, die Erinnerung an die Verkehrungen und die Verheerungen des Bürgerkriegs noch frisch, größer drum die Freude am Gehorsam als vorher die am Aufruhr. Doch kaum hatte Augustus seine Augen, die gleichermaßen treu und wachsam auf das Einzelne wie auf das Ganze schauten, geschlossen, als die Zufriedenheit am wiederhergestellten Ausgleich der Interessen der Gier auf Beute und Veränderung wich.

Tiberius, ein Mann von andrer Herkunft und von anderem Charakter als Augustus, der ihn durch Adoption zum Princeps nach ihm designierte, hielt wohl die neue Herrschaft ihrer Form nach aufrecht, doch mußte er, was sie unter ihm an Kraft verlor, Stück für Stück ersetzen durch Gewalt. So war es kaum noch Macht, fast nur Gewalt noch, was Gaius Caesar von ihm erbte.

Nicht Patrizier, nicht Plebejer – Soldaten, in deren Stiefeln er, »Caligula«, schon als Kind am Rhein gelaufen, machten ihn zu ihrem Kaiser. Sie hatten, als sie ihn kürten – ihr »Stiefelchen«, den sie liebten, ohne ihn zu achten –, nicht ihn selbst gemeint, sondern in ihm Germanicus, den Vater, den geschickten Feldherrn und umsichtigen Verwalter. Wahrscheinlich hat Tiberius Germanicus gefürchtet als Rivalen, da er ihm den Befehl über die germanischen Legionen nahm und ihn ins ferne Syrien schickte. Die Trauer um Germanicus, die Tiberius, als von dort die Todesnachricht kam, in Rom zur Schau gestellt, war sicher nicht so echt wie all die Tränen, die um den großen Mann noch in der entlegensten Provinz vergossen worden sind.

Der Verdacht der Witwe, Germanicus sei auf Befehl des Kaisers vergiftet worden, hatte Nahrung, weil Tiberius es war, der die Schreckenszeit des Bürgerkriegs durch systematische Ermordung seiner Gegner in die Erinnerung rief. Das wurde hingenommen. Wenn man den Kaiser wie einen Gott verehrt, muß man ihm zugestehen, daß er die Lebenszeit, die andre Götter zugemessen, auf eigne Hand verkürzt. Die Rückkehr in die Republik, so glaubte, fühlte man, hätte Rückkehr in den Bürgerkrieg bedeutet.

Also durfte das Principat, wenn es zu seiner Erhaltung nötig war, mit den andren Steuern seinen Blutzoll fordern. Caligula jedoch, der den Kaiserkult so mißverstand, daß er sich durch die Verehrung zum Gott erhoben fühlte, machte die Götterinstrumente vollends zum Spielzeug seiner Kinderhände und schnitt ganz nach Belieben, heute hier und morgen dort, die Lebensfädchen durch. Mag sein, die Morde, die Tiberius angeordnet, haben Verschwörungen in ihrem Keim erstickt. Die Morde, die Caligula, oft vom Wein berauscht, befahl, haben Verschwörungen gezüchtet, und so konnte es nicht lange dauern, bis die Dolche einiger beherzter Römer ihm seine Sterblichkeit bewiesen.

Die Praetorianer feixten, als die Verschwörer Gaius niederstachen. Sie hatten sich geirrt. Es war nichts von Germanicus in seinem Sohn Caligula gewesen. Hätten brave Bürger die Initiative nicht ergriffen, hätten sie ihr ausgetretenes Stiefelchen bald selber würgen müssen. Sie wollten immer noch Germanicus, den Tapferen und Tugendvollen, der ihnen nicht aus dem Gedächtnis wich.

Der Sohn lag jetzt am Boden und kotzte all das Blut, das er gesoffen, wieder aus. Mochte nicht etwas von den Qualitäten, die Germanicus ausgezeichnet hatten vor allen anderen, sich erhalten haben in dem Bruder, der am Leben war? An einem Leben zwar, das er so still geführt, daß es am Forum, im Senat, bei Hof so gut wie unbemerkt geblieben war, dadurch aber gerade immerhin am

Leben, weil sowohl Tiberius wie auch Caligula in dem Stotterer und Stubenhocker Claudius nie einen Konkurrenten, stets nur einen Gegenstand für ihren Spott gesehen hatten.

Du weißt es, Nero, und erzählst es gern, wenn du betrunken bist, an deiner Tafel, wie die Praetorianer Claudius stupsen mußten mit ihren Lanzen auf dem Weg zum Castrum, wo sie ihn dann zum Kaiser ausgerufen haben. Ob es ein Glück für Claudius war, daß man ihn von seinen Studien abzog? Drei Kriege brauchte Rom, bis Karthago unterworfen war. Doch brauchte es den Fleiß, den Forschergeist des Claudius, bis wir erfahren haben, wer diese Leute waren, die unsrer Macht so lang im Weg gestanden. Durch Claudius besitzen wir nicht allein die Geschichte der Karthager, er hat sich so in ihren Geist vertieft, daß er ein Wörterbuch verfassen konnte, dazu ein Werk, das die Grammatik ihrer Sprache lehrt. Als Frucht daraus, die alles Volk genießt, das lateinisch liest und schreibt, hat er unsrem Alphabet zwei Buchstaben hinzugefügt. Vielleicht war er darum froh, Kaiser geworden zu sein, weil er seine Errungenschaft dem Volk diktieren durfte.

Es war ein tüchtiger Gelehrter, ich betone es, den Rom an ihm verlor. Und es gewann dafür nur einen schwachen Kaiser, dessen Sanftmut die Freigelassenen in seinem Dienst und vor ihnen Messalina benutzten, um in seinem Namen die Tradition des Mordens fortzusetzen. Mögen andere untersuchen, ob Claudius gerne Kaiser war. Mir fehlt die Zeit dazu und auch der Ansporn. Für dich war's allemal ein Glück, daß er es wurde. Es hätte seine Nichte, deine Mutter, sich sonst kaum bemüht, an Messalinas Stelle seine Frau zu werden, hätte es nicht durchgesetzt bei ihm, daß er dich adoptierte und schließlich dem Britannicus, den er mit Messalina selbst gezeugt, doch vorzog. Auch Claudius' Leben endete vor der Zeit, die ihm die Götter, die die Natur ihm zugestanden.

»Warum«, fragst du mich, Nero, »zerrst du im Laufschritt mich durch diese schnell skizzierte Galerie der Ahnen?« Ich versprach, dir deinen Irrtum aufzuzeigen. Und hab' ich nicht deutlich ihn dir vorgeführt? Wer wie du ein großes Reich regiert, kommt nicht dazu, die Zeit, die ihm bemessen war, ganz auszuschöpfen. Es wird sogar dem, wie du beispielhaft an mir beweisen willst, der beim Regieren nur behilflich war nach bestem Wissen und Gewissen, was Natur ihm zugedacht, durch Kunst verkürzt.

Das soll dich lehren, genauer noch als sonst ein Sterblicher auf deine Stunden und Minuten achtzuhaben. Wie sollte, wer nicht den eignen Tag zu regeln, nicht jeder Stunde die gehörige Pflicht, die gehörige Freude zuzuordnen weiß, in die Weite des Imperiums seine Macht nach Maß verteilen können?

II

Ein neuer Tag hebt an, und hätte ich nicht durch die jahre- und jahrzehntelang betriebenen Übungen der Philosophie diese Unempfindlichkeit errungen, es müßte Rührung mich umfangen beim Anblick dieser Wölkchen, die sich gerade in der Morgensonne rosa färben. Der Duft des Taus, der von der Wiese steigt, ich söge ihn mit Wehmut ein wie der Trinker die letzten Tropfen eines guten Weins, den er Kelch um Kelch unbedacht aus einem Faß geschöpft, das jetzt den Boden zeigt. Kommt der Centurio heute? Warum ist er gestern nicht gekommen? Quo vadis, Nero? Lädst du mich zu einem Spiel? Ist es der Tanz, zu dem die Katze mit eingezogenen Krallen die Maus auffordert, die ihr ausgeliefert ist? Oder bist du so mit Hinrichtungen beschäftigt, daß nur bislang die Reihe nicht an mich gekommen ist?

Auch ist es möglich, daß du mit Absicht meine Frist verlängert hast. Du brauchst von mir die Schrift, die dich über den Tod deiner Mutter trösten soll, bevor ich gehe. Hab' ich recht? Wenn es sich so verhält, muß ich dich zur Vorsicht mahnen, Nero. Dehnst du die Frist, die du zwischen Urteil und Vollstreckung legst, zu sehr, mag dir am Ende noch der Einfall kommen, mich um eine zweite Trostschrift anzugehen, um jene, die dir über den Schmerz hinweghilft, der dich befallen muß, wenn du nach Agrippina auch noch Seneca verlierst.

Schal und schwer wird uns das Leben, wenn jene, denen keine Regung unsrer Seele unbekannt war, uns verlassen haben. Glücklich dürfen wir uns schätzen, wenn wir dann noch Schüler finden, die es mit Liebe, Disziplin und Eifer dahin bringen zu verstehen, was und wie wir denken. Kennen werden sie uns nie.

Ich habe dich gekannt, Nero, ich kannte dich auf jeder Stufe deiner Bahn und kann auch jetzt nicht sagen, wie es so viele tun, die einstmals deine Freunde waren, die mit dir zechten, hurten, spielten und deren Leben heute ganz bestimmt wird von der Furcht vor dir: Ich kenne dich nicht mehr. Ich kenn' dich immer noch und kenn' dich gut genug, um mich nicht vor dir zu fürchten.

Ja, ich muß sterben. Das ist zwar wahr, doch keine Neuigkeit. Ich habe es gewußt und in diesem Bewußtsein mein Leben eingerichtet, lang bevor du, Nero, die Füße voran, auf diese Welt gekommen bist. Meine Entfernung vom Tod war niemals größer oder kleiner, als sie es heute ist. Die Gedanken, mit denen ich den Abschnitt eingeleitet, sollen dich, wenn du sie nach meinem Tode liest, berühren, sie sollen dich erstaunen. Es sind nicht meine Gedanken. Es sind die Gedanken, wie sie deine wären, wenn unsere Rollen jetzt vertauscht.

Ich finde in meinem Gemüt nichts anderes als die Vögel, die in den Bäumen meines Gartens mit ihrem fröhlichen Gezwitscher den Tag begrüßen. Es verspricht ein schöner Tag zu werden. Übrigens verspricht das dem Weisen jeder Tag. Es ist gleich, ob am Himmel nur vereinzelt kleine Wölkchen wie Schafe, die im Übermut der Herde fortgelaufen, schweben oder ob sie wie riesenhafte schwarze, mit Pech und Schwefel angefüllte Säcke vom Sturm getrieben mit Blitz und Donner aufeinanderkrachen.

Sicher gibt es vieles, was dir vorzuwerfen wäre, Nero, und vieles davon, was über Irrtum, der sich schließlich korrigieren ließe, weit, sehr weit hinausgeht. Ein Krämer warst du nie. Mehr als du bin ich in dieser Lage, in die wir nun einmal geraten sind, verführt, dir einen Handel anzubieten. Ja, Nero, du hast über mich den Tod verhängt, so könnte ich versucht sein, dich im Ton der Bitte anzureden, ich habe zwar an der Verschwörung um Epicharis und Piso nicht teilgenommen, habe, als sie mich dazu aufgefordert, jeglichen Verkehr mit ihnen abgebrochen. Aber ich habe die Verschwörung auch nicht aufgedeckt, habe sie dir nicht, wie es meine Pflicht gewesen wäre, angezeigt. Wie viele waren es, die dir weit, weit geringre Schuld mit ihrem Leben zahlten? Ich will die meinige nicht mindern, wenn ich dich daran erinnere, daß Pflichterfüllung meinen Neffen Lucanus, den ich liebe und der in deinem und in meinem Urteil nach Horaz und Vergil der begabteste Dichter unsrer Sprache ist, deiner Rache ausgeliefert hätte. Natürlich habe ich mit ihm gesprochen, habe mit aller Kraft der Überredung, die mir zu Gebote steht, ihn angefleht, zu dir zu gehen, durch Selbstanklage deine Gnade zu erbitten. Er war störrisch, störrisch wie ein Esel, in dessen Ohren Vernunft vergeblich einzudringen sucht, obwohl sie groß sind. Er war verbittert, weil Petronius zu ihm gesagt hat, du, Nero, stelltest deine eignen Verse über seine. Mein Schweigen hat ihn nicht beschützt. Er ist, ich hörte es, vor mir gerichtet worden. Wo Staat ist und wo Familie ist, da ist auch Tragödie, Nero.

Ich kann mit dem Urteil, das du über mich verhängst, nicht einverstanden sein. Das kannst du nicht von mir verlangen, Nero. Du weißt, wie ich zu Piso stehe, und erkennst, daß ich an der Verschwörung unbeteiligt war, schon an der stümperhaften Art und Weise, in welcher sie zu Werke gingen. Ich konnte ruhig sein deinetwegen. Viele, zu viele Feiglinge und Schwätzer waren mit im Bunde, und so stand vom Anfang fest, daß dies Komplott verraten werden würde.

Auch ist dir bekannt, was ich von harten Strafen halte, die nach Rache riechen. Der Staat muß von Gefühlen frei sein und darf einzig auf die Besserung des Übeltäters zielen, wenn er bestraft. Kann ich dein Urteil schon nicht loben, werde ich es selbstverständlich akzeptieren und vollziehen, sobald ich es empfangen habe. Weil es der Brauch ist, daß der Centurio am Abend kommt, hat Paulina, meine

Frau, es so geordnet, daß Statius, seit vielen, vielen Jahren nicht allein mein Freund, sondern auch mein Arzt, der meinen Körper besser kennt als ich, sowie Crispinus, ein Mann mit einem guten Herzen, starken Nerven, einer musterhaften Bildung und einer Blitzgescheitheit, die man selten trifft, von nun an täglich mit uns speisen, bis es vorüber sein wird.

So hat meine Frau dafür gesorgt, daß ich unter Anleitung und Aufsicht meines Arztes mich im Todeskampf nicht quälen muß und daß Crispinus mit dem gespitzten Schreibrohr in der Hand aufzeichnen wird, was mir, wenn ich es selber nicht mehr führen kann, noch einfallen mag. Gewiß stimmst du mir zu, daß diese Ruhe und Voraussicht meiner Frau, die auch das Instrument zum Aderlassen allabendlich bereithält, im höchsten Maße lobenswürdig sind.

So, nach meinen Möglichkeiten bestens vorbereitet auf alles, was von deiner Seite droht, könnte ich auf den Gedanken kommen, mit dir das Feilschen zu beginnen. Du willst ja noch die Trostschrift, die dich mit der Asche deiner Mutter ruhiger leben läßt. Es versteht sich, daß die Fertigstellung eines solchen Werkes, wenn es seinen Zweck erfüllen soll, ein bestimmtes Quantum Zeit erfordert.

Es soll das Werk ja, wenn auch nur in groben Zügen, Agrippinas Lebenslauf enthalten. Das wäre wohl zu meistern mit geringem Aufwand, hättest du nicht nach ihrem Tod die Erinnerung an sie verboten, mit dem Original ihrer Memoiren die Abschriften, die hier und da kursierten, einsammeln und verbrennen lassen. Sollte diese Maßnahme unter jene zählen, bei deren Durchführung der Erfolg dir voll und ganz beschert war, wird mit meinem Tod die letzte Spur gelöscht sein. Du hast dich stets geweigert, ihr Buch zu lesen, in der Furcht, über dich Dinge zu erfahren, die du nicht wissen wolltest. Unbegründet war die Befürchtung nicht, wie ich dir aus meiner recht genauen Kenntnis seines Inhalts sagen kann. Schließlich hat Agrippina mich seinerzeit gebeten, es stilistisch etwas zu polieren, es für den Leser hier flüssiger, da spannender zu machen, einzelne Effekte glücklicher zu exponieren. Ob mir gelungen ist, was sie sich von mir wünschte, läßt sich heute leider nicht mehr prüfen, denn natürlich habe ich meine, von einer schönen Hand mit großer Sorgfalt gefertigte Kopie, an deren Kopf eine Widmung Agrippinas stand, gehorsam abgeliefert.

Du weißt, daß mein Ehrgeiz nie darin bestand, dem Aristoteles nachzueifern, um mir den Namen eines Philosophen zu verdienen, sowenig, wie ich je seinen Schüler Alexander dir zum Vorbild aufgestellt hab'. Die große und totale Systematik, die ein jedes Ding auf dieser Welt und noch die Dinge hinter dieser Welt in die Uniformen von Begriffen zwängt, war meine Sache nie. Ich wollte frei sein auch als Autor, ja, ich habe das, was ich die Freiheit nenne, am stärksten immer dann empfunden, wenn ich schrieb. Auch, wo ich weitläufige Zusammenhänge darzustellen suchte, was vornehmlich bei dem, was ich der Wissenschaft von der Natur beitrug, kaum zu umgehen war, habe ich meine Schriften stets so angelegt, daß ich alles immer wieder frisch und aus den Eingebungen des Augenblicks heraus entwickeln konnte.

Die Stoa, die ich mit meinen Briefen an Lucilius verbreiten möchte, ist nicht etwas, das man um diesen oder jenen Preis erwirbt und dann besitzt wie etwa jenes Bauwerk, nach dem sie sich benennt. Sie ist eine Haltung. Für den, der sich um sie bemüht, ein Eigentum, das nach einer Seite sicherer ist als alle materiellen Güter. Deine Sklaven, deine Pferde, deine Elefanten können vor dir sterben, ein Schiff kann leicht an einem Riff zerschellen, ein Haus ein Raub der Flammen werden. Diebe, wenn sie nur geschickt und klug genug sind, finden deinen Schatz, gleich, wo du ihn verbirgst. Sie brechen jedes Schloß und tragen all das mit sich fort, dem deine ganze Sorge galt, woran du dein kümmerliches Herz gehängt hattest. Davor, daß es Nero einfällt, dich auf das falsche Zeugnis eines Sykophanten zu verklagen, um dich zu enteignen, kannst du nur sicher sein, weil du selber Nero bist.

Die Stoa, wenn sie dein eigen wurde, wenn Natur und Selbst im Einklang leben, kann nicht einmal ein Gott dir wieder nehmen. Dem Körper, den gibst du hin mit Gleichmut, wenn eine Krankheit, wenn ein Unfall, wenn ein Tyrann ihn von dir fordert, du hast ihn nicht verwöhnt, du hast ihn nicht geschunden, er war dir nur geliehen. Das, was dein eigen ist, es hängt nicht an dem Leib. Im Gegenteil, du hast es immer wieder gegen ihn errungen, wenn er dich mit seinen Begierden in das falsche Leben lockte.

Und das macht eben nach der andren Seite die Weisheit zu einem Besitz, der gefährdeter ist als manches Gut der Erde. Du mußt ihn dauernd hegen, weil er dir, solang du unter Menschen lebst, im Handumdrehen verlorengehen kann. Es gibt so viele schöne Frauen. Es gibt so viele reiche Frauen. Es gibt so viele mächtige Frauen. Es gibt sogar Frauen, die ungeheuer schön, ungeheuer reich und ungeheuer mächtig sind. Es gab Agrippina. Auch ich war in Gefahr.

Was eignete sich besser zum Gegenstand für die Erzählung als eine Gefahr, der wir mit knapper Not entronnen sind? Wie erst, wenn es sich bei der Gefahr, der wir siegreich trotzten, nicht um eine Gefahr für unser Leben, der wir, wie grad bewiesen, spotten müßten, vielmehr um eine solche handelte, die uns das Gleichgewicht der Seele auf ewig zu zerstören drohte? Es müßte eine Geschichte werden von der Sorte, wie sie die Sklavenmütter lieben und die sie so gern, wenn sich die Kinder an Winterabenden ums Küchenfeuer scharen, zum besten geben.

Ich bin keine Sklavenmutter, bin auch nicht Petronius. Ich war niemals darauf aus, mein Publikum zu unterhalten, seine niederen Affekte hervorzukitzeln, um, nachdem ich den Knoten, in den ich meine Handlung selbst geschnürt, wieder löse, wie ein Schauspieler mit Bücklingen für den Applaus zu danken. Jetzt ist erst recht der Zeitpunkt nicht, damit noch zu beginnen. Trotzdem habe ich die Briefe an Lucilius, die mir geeignet scheinen, das zu bewahren, was ich künftigen Geschlechtern zu überliefern wünsche, beiseite gelegt und angefangen, deiner Bitte zu willfahren.

Nicht viele sind wie ich bereit, eine Reise anzutreten, von der sie wissen, daß sie nie ihr Ziel erreichen wird. Wenige, sehr wenige, Nero, wirst du finden, die es nicht mit Haß erfüllte, wenn du sie für eine Schuld, die sie selber nicht empfinden, am Leben strafst, die dir daraufhin nicht ein gleiches oder schlimmres Schicksal wünschten.

Ich war der Verschwörung, die ich befördert haben soll, nicht nur deshalb feind, weil an ihrer Spitze Piso stand. Es gibt niemanden in Rom, den ich an deiner Stelle sehen möchte. Du mußt nur deine Seelenruhe wiederfinden, dann wirst du der gute Herrscher sein, der du gewesen bist. Der Weise soll zurückgezogen leben. Doch das bedeutet nicht, daß er nur auf das eigne Wohlergehen schaut. Er soll das Glück des Nachbarn nicht nur wünschen, er soll es, wo er kann, befördern.

Freilich gehört dazu ein guter Wille bei diesem Nachbarn auch. Ich erkenne ihn bei dir. Er war sehr stark, und wenn es vielen schien, er sei mit Agrippinas Tod verschwunden, so bin ich andrer Meinung. Er ist nicht verschwunden, er ist nur verschüttet.

Der erste Schritt zur Besserung ist immer Selbsterkenntnis. Du bist ihn schon gegangen, wenn du bereust, daß deine Mutter sterben mußte. Ja, auch der zweite Schritt liegt hinter dir, wenn du mir deinen Kummer offenbarst, mich bittest, die Vergöttlichung der Agrippina, die ihr zustand als Augusta und die du aus einer Mischung von Zorn, Schuld, Staatsräson seinerzeit versäumtest, nachzuholen.

Du machst es mir unmöglich, deinen Auftrag in seinem vollen Umfang und mit der Sorgfalt, die vonnöten wäre, zu erfüllen, wenn du mich in den Tod schickst. Das ist unbedacht und charakteristisch für dein Schwanken zwischen Laune und Vernunft, mit dem du dir und unsrem Staat in den letzten Jahren so großen Schaden zugefügt hast. Ich muß es anerkennen, muß es dulden, ich würde sonst den Schaden nur vergrößern.

Es ist der rechte Weg, den du jetzt eingeschlagen hast. Ich will versuchen, dich auf ihm zu leiten, soweit ich es noch kann. Ein Leben, dessen Dehnung um ein paar Wochen oder Monde ich mit dem Versprechen jener Leistung, an der dir so viel liegen muß, von dir erpressen könnte, wäre schlechter als der Tod. Hingegen den Tod, der das größte Übel scheint, das überhaupt den Menschen treffen kann, mit Fassung zu ertragen, vergnügten Sinns zu sterben, müßte dich auf dem Wege, den du zu gehen hast, bestärken.

III

Ich spüre eine leise Ungeduld in mir, die anzuwachsen scheint mit jedem Tag, an dem ich von der Schwelle meines Hauses vergeblich Ausschau halte nach dem Centurio, der mir dein Todesurteil bringen soll. Du kennst ja die Terrasse, wo man im Schatten der Pergola, von der die prallen Trauben hängen, daß man sie ohne Leiter pflücken kann, weit ins Tibertal hinunterblickt. Wie oft saßen wir nicht miteinander, manchmal schwere Probleme wälzend, die den Staat betrafen, manchmal heiter und gelöst mit lustigen Versen uns die Zeit vertreibend?

Ich hätte, sähe ich den Centurio mit seiner Abteilung nahen auf dem Pfad, der sich von Rom herauf zu meinem Weinberg über Serpentinen windet, bestimmt noch eine gute Stunde, die mir reichen sollte, mit ein paar wohlgeformten Sätzen das Manuskript, an dem ich schreibe, an einen Punkt zu führen, von dem aus du es ohne größere Schwierigkeit fortsetzen und vollenden könntest. Mir bliebe noch die Zeit, es zu verpacken und sorgsam zu versiegeln, um den Centurio und sein Gefolge, die dir den Text im Austausch für das Todesurteil überbringen sollen, vor ihrer Neugier zu beschützen.

Wird Nero seinen alten Lehrer noch einmal ärgern und ihn überlisten wollen? Wird er den Centurio auf einen Umweg schicken, mit einem Klopfen an die Hintertüre, die von keinem Hund, von keiner Gans bewacht wird, Seneca zu überraschen? Ich prahle mit meiner Ataraxie, trage sie zu dick auf, wie es die Matronen mit der Schminke halten. Ist das dein Eindruck, Nero? Und welcher Schüler wäre nicht versucht gewesen, den Zeigestab des Lehrers auf diesen selbst zurückzudrehen, prüfend die Grenzen von dessen Weisheit zu erkunden, ihm die Perlen des Versagerschweißes aus der Stirn zu pressen?

Halte du es immer, wie es dir gefällt. Mich geht es nichts an. Ich bin offen zu dir, Nero, und gestehe dir, daß mich diese Ungeduld, die ich in mir verspüre, ärgert. Immerhin bin ich im Vorteil, wenn mein Unmut nicht dem, was die Dummheit, die Gier, die Grausamkeit der anderen mir zugefügt, sondern meinem eigenen Fehlverhalten gilt. So entferne ich das Hindernis, das meistens der Vernunft im Wege steht, wenn sie unser Einverständnis mit dem, was unvermeidlich ist, herzustellen strebt. Die Arznei ist eingenommen, und bis sie ihre Wirkung zeigt, will ich die kleine Ungeduld vertreiben durch leichte Arbeit, wie sie meinem Alter ziemt.

Wer von Agrippinas Geburt zu sprechen anhebt, kann es nicht tun, ohne die Namen beider Elternteile schon genannt zu haben. Sie erhielt den Namen ihrer Mutter, wie Germanicus, ihr Vater, den seinen von der Provinz, die dessen Vater für Rom befriedet, hatte. Agrippinas Mutter, die wir, wie es die Annalen tun, zur Unterscheidung Agrippina die Ältere nennen wollen, war ihrerseits die Tochter der Iulia und des Agrippa. Iulia war die Tochter des vergöttlichten Augustus. So wie Agrippinas Mutter durch Iulia die Enkelin des großen Mannes, der Rom aus seinem Untergang errettet, so war Germanicus, ihr Vater, durch dessen Vater Drusus Enkel der letzten Gattin des Augustus, der Livia.

Auf diese Art ist das Blut des vergöttlichten Augustus und seiner Gattin Livia, die gemeinsam keine Kinder hatten, in denen, die Germanicus mit Agrippina der Älteren zeugte, doch noch vereinigt worden.

Agrippinas Geburt war römischer als römisch, und um so sonderbarer ist es, daß sie das Licht der Welt nicht in Rom, dafür am äußersten Rand unserer Zivilisation, im hohen Norden, am Ufer des umkämpften Rheins erblickte. Augustus starb und wurde Gott. Er stiftete den Frieden, indem er uns die Freiheit nahm. Die Stadt und das Imperium wurden beherrscht von einem Mann.

Du, Nero, bist wie ich ein Mann, und deshalb weißt du, daß es etwas gibt, was über einen Mann mehr Macht gewinnen kann als die Furcht vor seinem Tod. Die Frau. Das ist der Umstand, dem du es verdankst, daß du jetzt Kaiser bist, das ist der Umstand, der daran die Schuld trägt, daß du nachts nicht schlafen kannst. Und das ist, wenn man es genau betrachtet, auch der Umstand, der erklärt, warum Agrippina nicht in Rom, sondern in der Stadt geboren wurde, die jetzt ihren Namen trägt.

Wir finden, daß Männer, die, ohne Wimpernzucken den Aufruhr ganzer Provinzen niederschlagen, den Frauen, die sie lieben, wenn diese durch eine Veränderung des Blicks, der Stimme, durch ein Runzeln ihrer Stirne, eine Bewegung ihrer Lippen mit dem Entzug von Zärtlichkeit auf ein paar Stunden drohen, sofort willfährig sind.

Es geschieht dann oft, daß diese Männer, weil sie sich für ihre Feigheit schämen und jenen Rest an Würde, der ihnen von der Frau gelassen wird, behaupten möchten, für das, was sie gewähren, auch von dem Gegenüber etwas fordern. Freilich muß es sich bei dem, was sie verlangen, um etwas unverhältnismäßig Kleineres handeln als bei dem, was sie genehmigt haben, weil sich nämlich sonst das Spiel, in dem sie gerade unterlagen, sofort erneuern würde. Eine Szene dieses Musters haben wir uns vorzustellen, wenn wir uns vergegenwärtigen wollen, wie der vergöttlichte Augustus seiner angebeteten Livia – wie sollen wir ein Wesen nennen, zu dem die Götter beten? – den Wunsch erfüllte, ihren Sohn Tiberius zu adoptieren, und im Gegenzug von ihr erreichte, daß Tiberius wiederum Germanicus als Sohn zu adoptieren hatte.

So konnte Augustus von den Menschen zu den Göttern wechseln in dem Gefühl, Germanicus, wenn schon nicht zu seinem Nachfolger, so doch wenigstens zum Nachfolger seines Nachfolgers gemacht zu haben. Augustus starb und wurde Gott. Hatte Livia das nicht selbst mit jenen Kräften, durch die sie unsichtbar aufs Staatsgetriebe wirkte, eingefädelt, kam es zumindest ihren Plänen sehr entgegen.

Germanicus war als Statthalter in Gallien damit beschäftigt, einen Steuerzensus zu erheben, als die Nachricht vom Ableben des Augustus ihn erreichte. Der Vergöttlichte, der seine Vorliebe für Germanicus gegen den Widerstand Livias nicht durchzusetzen vermochte, hatte immerhin dessen Position in der Rivalität mit Tiberius zu stärken gesucht und ihm mit der Statthalterschaft in Gallien den Oberbefehl über die acht germanischen Legionen, die am Rhein standen, übertragen. Den Soldaten, die uns die Provinzen unterworfen hatten und nun dort mit ihrer Anwesenheit den römischen Frieden aufrechterhielten, war es keineswegs so selbstverständlich wie für die Augusta, daß ihr Sohn Tiberius die Nachfolge des Vergöttlichten antreten würde.

Hatten es die einfachen Legionäre unter Augustus geduldig ertragen, daß er seinen Praetorianern für den gemütlichen Wachdienst in der Hauptstadt einen achtfachen Sold zahlte, wollten sie das unter dem neuen Kaiser auf keinen Fall leiden. Vor allem machte sich die gestaute Wut der Veteranen Luft. Sie verlangten ihre Entlassung nach vollendeter Dienstzeit mit Auszahlung der ihnen zustehenden Belohnung für ein Auskommen im Ruhestand.

Im Lager des Oppidum Ubiorum, der heutigen Colonia Agrippinensis, der Stadt also, in welcher deine Mutter bald darauf zur Welt kommen sollte, ging die Versammlung der Soldaten vom Gejammer und Geschrei über die unerträglichen Bedingungen des Dienstes zur Gewalttätigkeit über. Mit gezückten Schwertern stürzten sie sich auf ihre Centurionen, rissen sie zu Boden und zahlten ihnen die über lange Jahre empfangenen Mißhandlungen As für As heim. Jeder einzelne der sechzig Centurionen einer Legion wurde von sechzig Gemeinen zu Tode geprügelt. Ihre Kadaver wurden zum Ufer gezerrt, zerstückelt, die einzelnen Teile unter großem Gejohle mit den Wurfmaschinen in hohem Bogen in den Rheinstrom geschleudert.

Ich frage dich, Nero, ließe sich etwas erdenken, das den Unterschied in der Geistesart zwischen Germanicus und Tiberius deutlicher zu markieren vermöchte als die schlichte Erwähnung der Tatsache, daß der Vater deiner Mutter, als ihn nach der traurigen Nachricht aus Rom nun auch die Schrekkensmeldung aus Germanien erreichte, seinen Sinn stracks in die Richtung des Rheines und nicht zum Tiber hin wandte? Keine Sekunde lang fiel es ihm ein, nach Rom zu ziehen, um seinem Adoptivvater Tiberius die Herrschaft streitig zu machen. Der eine von der ersten bis zur letzten Stunde seiner Herrschaft ausschließlich darauf bedacht, persönlichen Vorteil aus seiner Verfügungsgewalt über das Gemeinwesen zu ziehen; der andere jederzeit in Bereitschaft, sich dem Staat, wo immer sich Gefahr für ihn zeigte, zu opfern.

Der schnell und kraftvoll fließende Rhein war noch nicht damit fertig geworden, all die Leichenteile der von ihren Mannschaften hingemordeten Centurionen in den Ocean zu spülen, da näherte sich Germanicus schon den Wällen der Ubiersiedlung. Was hätte er sich von der nicht etwa in Unordnung geratenen, von der vielmehr dem Wortsinne nach in wilder Raserei befindlichen Truppe Besseres erhoffen können, als von ihr bei dem leisesten Versuch, sie in die Disziplin zurückzuzwingen, in Stücke zerrissen zu werden, um, in die Bestandteile seines Körpers gelöst, im Wettlauf mit den gefräßigen Fischen, denen seiner Offiziere nachschwimmen zu dürfen?

Germanicus hielt mit den wenigen Männern seiner Begleitung an einem Punkt, der von der den Ort umhegenden Befestigung etwa so weit entfernt liegt wie jene Schleife des Pfades, in der ich während der Stunde, die nicht mehr Tag ist und noch nicht Nacht, das Auftauchen deines Boten erwarte, von meinem Haus. Germanicus war unschlüssig, wie er die Wachen, die sie etwa doch noch aufgestellt hätten, ansprechen sollte. Auch fühlte er sich erschöpft von dem langen Ritt, der ihn aus der Siedlung der Belgier hergeführt hatte, und wollte sein Zelt aufbauen lassen.

Da kamen ihm, unbewaffnet, wankenden, zögernden Schrittes, von der Stadt her erst einzelne

Soldaten, bald kleinere, dann größere Gruppen, endlich der ganze unübersehbare Haufen seiner Leute entgegen. Sie näherten sich ihm zaghaft, als seien sie nicht völlig Herr über ihre Gliedmaßen, als zwängen sie Wunden, die ihnen frisch ein Feind zugefügt, zu humpeln. Aus gesenkten Häuptern schielten sie mit reumütigen Blicken zu ihrem Feldherrn. Einige knieten vor ihm und führten seine Hand in ihre geöffneten Mäuler, um Germanicus ihre zahnlosen Kiefer fühlen zu lassen.

Germanicus sprach zu ihnen mit fester, lauter Stimme, nahe dem Befehlston, wie er im Getümmel der Schlacht üblich ist. Der Anblick der ungeordneten, unruhigen Menge kränkte und schmerzte sein Auge. Germanicus gebot ihnen deswegen, sich in Manipeln vor ihm zu reihen. Es folgte aber nicht der Gehorsam, nur ein Ächzen und Murren ging durch die Männer. Sie könnten, so wie sie aufgestellt seien, ihn besser hören, war, was Germanicus aus dem allgemeinen Gemurmel und verstreuten, halblauten Rufen verstand. Germanicus befahl ihnen, ihre Feldzeichen nach vorne zu tragen, um sie, wenn schon nicht nach Manipeln, so doch wenigstens nach Kohorten unterscheiden zu können.

Auch dies Kommando schien unbefolgt verhallen zu wollen. Da sie aber sahen, daß Germanicus anders nicht zu ihnen zu sprechen bereit war, geschah es dann endlich. Zwar war die Ausführung ostentativ schleppend und unmilitärisch, aber Germanicus war schon zufrieden, daß es geschah. Er verzichtete darauf, sie strammstehen zu lassen, wartete nur noch ab, bis vollkommene Stille eingekehrt war, und hielt ihnen dann seine Rede, die er sich auf seinem Weg von Gallien her zurechtgelegt und eingeübt hatte.

An ihrem Eingang stand der Nekrolog auf Augustus, der um vieles ehrlicher und rührender war als das, was beinahe zur gleichen Stunde Tiberius in Rom vor dem Senat deklamierte. Vom Lob des hingegangenen Kaisers ging er zu dem des neu erstandenen über. Mit bewegenden Worten rief er den Angetretenen vor allem die Heldentaten in das Gedächtnis, die Tiberius als ihr Führer gemeinsam mit ihnen im Krieg gegen die Germanen vollbracht hatte.

Das machte sie weich, und wie der Lenker der Schlacht, der den Sieg wittert, stieß Germanicus erbarmungslos nach, hielt ihnen ihre Treulosigkeit vor die tränenverhangenen Augen. Er verurteilte scharf die Verbrechen, die sie an ihren Vorgesetzten begangen, mischte aber geschickt Worte des Verständnisses für ihre Klagen in seine Vorhaltungen ein, räumte Ungerechtigkeiten und Versäumnisse auf seiten der militärischen Verwaltung ein.

Den Beifall, den er für diese Passagen erntete, verstand er zu steigern, weil er heilig gelobte, alles, was von den Mannschaften, eingeschlossen die Veteranen, mit Recht und Billigkeit verlangt worden war, ohne Verzögerung und auf den Punkt zu gewähren. Da begannen die Augen seiner Zuhörer ihm bereits wieder mit Zuversicht und Tatendrang entgegenzuleuchten, und es kostete ihn kaum noch Überredung, nachdem er selbst ihn feierlich geleistet, auch ihnen auf Tiberius den Eid abzunehmen.

Umrahmt von den Adlern der I. und der XX., zog Germanicus an der Spitze seiner Legionen, die ihn hochleben ließen, in die Stadt der Ubier ein, als hätten sie den Platz eben frisch von den Germanen erobert. Es blieb aber doch die Atmosphäre in der Stadt und im Lager weiter gespannt. Germanicus konnte, obwohl er die mitgeführte Reisekasse und den Kredit bei seinen Freunden bis zur letzten Sesterze erschöpfte, die gegebenen Versprechen dann noch nicht im ganzen Umfang erfüllen. Die Entlassungen wurden zwar von den Tribunen beschleunigt, was aber die Auszahlung ihrer Vermächtnisse anging, wurde die Mehrzahl der Veteranen auf das Winterlager vertröstet.

Ungewöhnlich wie die Methoden, die die Aufrührer angewandt hatten, war auch ihre Bestrafung. Es hielt nämlich der Oberbefehlshaber nicht selbst über sie das Gericht. Weder sein Haus noch seine persönliche Habe hatte der Sturm der Empörung geschont, worüber aber Germanicus mit dem ihm eignenden Großmut hinwegsah. Sogar Agrippina die Ältere trug die Verwüstung ihres Heims mit Fassung, drängte ihren Gatten nicht, an irgendwelchen Schuldigen oder Unschuldigen Vergeltung zu üben, was man ihr besonders unter Berücksichtigung ihres Zustandes – sie ging ja bereits schwanger mit deiner Mutter, Nero! –, der ihr bestimmte Bequemlichkeiten weniger entbehrlich machte, sehr hoch anrechnen muß. Sie wollte in der immer noch bedrohlichen Lage keineswegs von der Seite ihres Gatten weichen, aber Germanicus bestand darauf, sie mit dem kleinen Caligula nach der sicheren Stadt der Treverer zu entfernen.

Als sie sich anschickte, mit dem von der werdenden Agrippina gewölbten Bauch, Caligula an ihrer Hand, das Boot, das bestimmt war, sie vom Rhein in die Mosel in den Schutz der Treverer zu befördern, entstand plötzlich ein Auflauf am Ufer. Die herbeigeeilten Soldaten stellten sich ihr in den Weg und hinderten sie, das ablegebereite Boot zu besteigen. Sie fühlten sich beleidigt von dem Mißtrauen des Feldherrn, der Weib und Kind bei ihnen nicht mehr in Sicherheit glaubte.

Ob es ein Wort war, das stolz Agrippina die Ältere hinwarf, ob es etwas war, was der am Arm seiner Mutter hängende Caligula greinte, den sie schon hier mit ihrer albernen Anbetung unheilbar verdarben, oder ob vielleicht einem der Soldaten der Gedanke gekommen, jedenfalls rannte, während einige Agrippina die Ältere weiter von der Einschiffung abhielten, der größere Teil von ihnen wie auf ein Kommando los und schleppte kurz darauf die Rädelsführer des Aufstands in Fesseln herbei. Es standen noch immer die Wurfmaschinen am Ufer. Germanicus, in dem feinen Gefühl dafür, was einem Herrscher ziemt und was nicht, ging nicht auf das Angebot ein. Er führte ohne sonstige Kundgebung seiner Mißbilligung dieses Vorgangs Weib und Kind in ihr Haus.

Caetronius, der Legat der I. Legion, fühlte sich ermächtigt, an der Stelle des Germanicus über die Verhafteten das Gericht abzuhalten. Das spielte sich dergestalt ab: Die Missetäter wurden einer nach dem anderen auf eine Erhöhung gezerrt, wo ein Tribun ihre Namen und den Teil der Truppe, zu dem sie gehörten, ausrief. Unten standen mit gezückten Schwertern die Legionäre. Riefen sie »schuldig«, wurde der Betreffende hinuntergestoßen, und alles, was in der Nähe stand, hieb auf ihn ein. Die Begeisterung, mit der man hinzudrängte, um seine Klinge in das Blut eines der Preisgegebenen tauchen zu dürfen, war noch ungeteilter als bei der Ermordung der Centurionen zwei Wochen zuvor.

Es waren dieselben Leute, die hauten und stachen, sich am herumspritzenden Blute berauschten, und allesamt wirkten sie, als ob sie sich von der Schuld an den zurückliegenden Morden durch diese frisch begangenen reinwaschen wollten. Das war, was Germanicus, als später Caetronius ihm Bericht erstattete und ihm die Mannschaftslisten mit den ausgestrichenen Namen vorlegte, vor allem begriff. Hierin liegt, denke ich, der Hauptgrund für die großen Erfolge und die außerordentliche Beliebtheit des Germanicus: daß er sich wie vor ihm nur Iulius Caesar auf das Gemüt und die wechselnden Befindlichkeiten seiner Soldaten verstand.

Es gab kein anderes Mittel zur Wiederherstellung des Friedens und der Eintracht unter seinen Leuten als Krieg. Er zögerte nicht mehr, das, was er als richtig erkannt hatte, zu tun, betrieb sämtliche Vorbereitungen mit der größtmöglichen Eile und fiel mit dem vollständigen Aufgebot seiner Legionen und mit den verfügbaren Hilfstruppen der befreundeten Stämme in die Landstriche auf der anderen Seite des Rheins ein.

Mars war launisch und bescherte ihm bei diesen Zügen nicht ausschließlich Glück. Im großen und ganzen überwogen sehr deutlich die Siege, die er feiern durfte, die Schlappen, die er einstecken mußte, was sich zum einen seiner Feldherrnkunst dankte, zum anderen gewiß begünstigt wurde durch die Uneinigkeit der Barbaren untereinander. Zu viele unter ihnen hatten die Annehmlichkeiten unserer Zivilisation kennen- und schätzengelernt. Arminius konnte sie nicht wie früher aufpeitschen zum unerbittlichen Kampf um ihre Freiheit, konnte sie nicht mehr wie einen Mann hinter sich scharen, und deshalb blieb uns die Wiederholung des Debakels, in dem Varus untergegangen ist mit seinen Legionen, erspart.

Übrigens ließ Germanicus sich hinführen, an den Ort unserer Schande, von Veteranen, die die Schlacht überlebt hatten. Er ließ die bleichenden Gebeine unserer Gefallenen, die über eine große Strecke im Wald verstreut lagen, zusammentragen. Ihrer Beisetzung mit den dazugehörenden Opfern und Gebeten ließ er die Zerstörung der von den Barbaren auf der Walstatt errichteten Altäre vorausgehen.

IV

Nero, ich mache mir Sorgen um deinen Centurio. Ob es ihm ergangen ist wie einem von denen in der Colonia Agrippinensis, die bitter büßen mußten für die übertriebene und unmenschliche Härte ihren Untergebenen gegenüber? Ob sich in meinem Weinberg vielleicht schon die Füchse an den liebevoll zurechtgemetzgerten Bissen ergötzen? Oder sollte ich nach andren Gründen für sein beharrliches Ausbleiben forschen?

Die schlechte Nachricht verbreitet sich schneller als die gute. In Rom soll das Gerücht umgehen, es wäre mir mein Urteil zugestellt worden und ich hätte es bereits an mir vollzogen. Die Sklavenpost will sogar wissen, es sei zu öffentlichen Kundgebungen der Sympathie mit dem ehrwürdigen Opfer deiner bübischen Tyrannei auf dem Forum gekommen.

Nehmen wir an, ich hätte das nur geträumt. Einen klitzekleinen Reiz allerdings, hinunterzugehen und mich nach deiner Manier verkleidet unter das Volk zu mischen, will ich dir nicht verleugnen. Ich bin nicht ganz frei von der Neugier zu hören, was man sich von der Art meines Sterbens erzählt.

Eine ausgemachte Eitelkeit wäre das freilich und entspräche wenig den Grundsätzen, an die sich der Weise im Leben und Sterben zu halten versucht. Ich unterdrücke deswegen die Regung mit einem nachsichtigen Lächeln über die eigene Schwäche, bevor sie sich zum Affekt steigern kann.

Es wäre mir lieb, wenn man sich nach meinem Tod bei der etwaigen Wiedergabe seines Hergangs recht nah an die Tatsachen halten würde. Laß mich deswegen, ehe ich mit dem genannten Auftrittssatz in die Zeit unmittelbar vor Agrippinas Geburt zurückspringe, erwähnen, daß ich alle meine Mahlzeiten ganz nach der hergebrachten Gewohnheit einnehme. Es kommt auch unter den veränderten Umständen nichts auf meinen Tisch, was geeignet wäre, meiner Gesundheit zu schaden. Ein anderer an meiner Stelle würde sich vielleicht in der berechtigten Meinung, es käme ja nun wirklich nicht mehr darauf an, all den Schlemmereien und Genüssen hingeben, die er sich mit Rücksicht auf die nachteiligen Folgen immer versagt hat. Weder spüre ich irgendeine Neigung zu einem solchen Verhalten, noch glaube ich, daß es sich in Einklang mit der Vernunft bringen läßt.

Im Gegenteil würfe ich all das, was ich mit Hilfe der Vernunft in mir aufgebaut habe, über den Haufen mit einem solchen Benehmen. Es hieße gerade dem Tod jene Bedeutung beimessen, die ihm nicht gebührt in der Empfindungsart eines Weisen.

Du kanntest mich als einen Menschen von schlechter Konstitution, und es gibt, bei Hercules, wenig Krankheiten, über die du mich nicht hättest klagen hören im Laufe der Jahre. Mehr als ein Mal hast du mich einen Hypochonder genannt. Was hältst du davon, Nero, wenn ich dir sage, daß mein gesamtes körperliches Befinden niemals so tadellos war wie jetzt, da du meinen Tod festgesetzt hast? Nun, ja, du hast es des öfteren aus meinem Munde vernommen, wohl auch mit einem Gähnen zu wiederholten Malen in meinen Schriften gelesen, daß unter allen Ärzten der Tod auf die Dauer der einzig erfolgreiche ist, weil er unsere Gebrechen nicht nur behandelt, sondern uns endgültig von ihnen befreit.

Wo ich recht hatte, werde ich recht behalten, auch wenn ich meine Argumente nicht mehr gegen sophistische Spitzfindigkeiten verteidigen kann. Sehr viel schwerer tut sich Paulina. Sie ist bei den Mahlzeiten, die wir zu den festgesetzten Stunden zu zweit gemeinsam einnehmen, ganz gegen ihre Art schweigsam geworden. Du weißt, daß ich nicht zu den großen Spaßmachern dieser Erde gehöre, aber in diesen letzten Tagen ertappe ich mich immer wieder dabei, wie ich versuche, mit einem Scherzwort den Geist meiner Frau zu erheitern. Der Effekt ist das Gegenteil meiner Absicht. Es treibt nur die Tränen hervor, die sie mit solcher Mühe zurückhält.

Ich kann auch mit ihr nicht in Ruhe über das Bevorstehende sprechen wie hier mit dem Papyros. Ich werde den Verdacht nicht los, daß sie es sich in ihr hübsches Köpfchen gesetzt hat, mich in den Tod zu begleiten. Ich widerspräche dem, was ich so beständig wiederholt habe in meinen Schriften, wenn ich sagte, sie sei viel zu jung, um zu sterben. Es ist ein verbreiteter Irrglaube zu meinen, das Alter an sich mache uns weise. Wie viele haben es zu hohen Jahren gebracht und sind dabei dieselben Narren geblieben, als die man sie in die Welt gesetzt hatte? Nicht wenige dagegen, die schon in der ersten Toga die Stufe erklommen, auf welcher der Unterschied zwischen Leben und Sterben seine Bedeutung verliert.

Das ist aber nicht der Fall meiner geliebten Paulina. Die Vorstellung, ohne mich leben zu müssen, ängstigt sie so sehr, daß es mir schlicht unmöglich ist, etwas dagegen zu sagen oder zu tun. Am liebsten würde ich es ihr verbieten. Sie stürbe ja nicht aus einer Haltung, die uns unempfindlich macht gegen die Wechselfälle des Lebens, unter denen der Tod nicht einmal der extremste genannt werden kann. Sie stürbe aus einem Affekt, was vom philosophischen Standpunkt kategorisch abgelehnt werden muß. Sie stürbe aus falsch verstandener Anhänglichkeit, aus dem Wunsch, den Schmerzen, die ihr der Abschied bereiten muß, zu entgehen, Schmerzen, die sie so oder so doch selbst dann hätte ertragen müssen, wärest du nicht auf die Idee gekommen, ich hätte bei der verwerflichen Unternehmung von Piso und Epicharis meine Hand mit im Spiele gehabt. Oder sie stürbe aus der sicherlich tugendhaften, nichtsdestotrotz törichten Erwägung, es mir leichter zu machen, indem sie, wenn ich mein Leben endige, auch das ihrige fortwirft.

Das sind allesamt Gründe, die ich nicht billigen kann. Soll ich mit ihr den Disput über diese zweifellos gewichtigen Fragen eröffnen? Ich hätte davon nichts zu erwarten als einen häßlichen Streit ohne die geringste Aussicht, sie von dem, was ich als wahr erkenne, zu überzeugen.

Da es mir darauf ankommt, die Welt nicht nur im Frieden mit mir, sondern auch mit ihr zu verlassen, vermeide ich die Auseinandersetzung und gebe mich einer letzten, wahrscheinlich trügerischen Hoffnung hin, einer Hoffnung in dich, Nero. Mögest du bei der Ausführung des Urteils mit größerer Sorgfalt zu Werke gehen als bei seiner Findung. Mögest du deinem Centurio, wenn du ihn denn endlich zu mir schickst, einschärfen, Paulina mit aller Macht vor ihrer Dummheit zu bewahren. Mögest du meine Witwe auf eine Weise behandeln, die sie zu der Lebensfreude, wie sie ihr eignet, rasch zurückfinden läßt.

Die schlechte Nachricht verbreitet sich schneller als die gute. Die frohe Botschaft von Agrippinas Geburt drang nicht zu Germanicus durch, der sich in dichten, finsteren Wäldern und an Sümpfen, die ihm wenig Gelegenheit boten, die taktische Überlegenheit unserer Militärs zu entfalten, mit den Barbaren balgte. Hingegen gelangten immer wieder Nachrichten von schmachvollen Niederlagen der

Römer zu der zurückgelassenen Garnison und zu den Ubiern, die einst von Germanicus' Vater Drusus aus ihren Stammgebieten an der Lahn an das linke Rheinufer umgesiedelt worden waren.

Die Häufung solcher teils zutreffenden, teils aufgebauschten, teils frech vom Feind in Umlauf gebrachten Meldungen mußte sie in wachsende Unruhe versetzen, und so fand die Neugeborene, der sie später einmal den Namen ihrer Stadt und das römische Bürgerrecht danken sollten, keineswegs die Aufmerksamkeit, die ihr gebührte. Auch Agrippina die Ältere wurde im Genuß ihrer Mutterfreuden von der um sich greifenden Panik mehr als empfindlich gestört. Doch war sie gar zu sehr der Inbegriff des vielgerühmten Stolzes der römischen Frau, war sie sich der Erstrangigkeit ihrer Abstammung zu sehr bewußt, um den übel klingenden Nachrichten auch nur ein Jota Glauben zu schenken.

Sie ängstigte sich nicht im geringsten um ihren teuren Germanicus, und sollte sie es doch getan haben, so merkte ihr jedenfalls niemand auch nur die Spur einer Spur davon an. Wo immer sich der Defätismus zu regen begann, trat sie ihm mit der ganzen Kraft ihrer Erscheinung entgegen. Um die Verwundeten, die auf dem Rhein von den verschiedenen Kampfplätzen zur Garnison zurücktransportiert wurden, kümmerte sie sich persönlich, war sich bei all ihrer Würde und Hoheit nicht zu schade dafür, den Soldaten eigenhändig die Verbände zu wechseln. Jeder durfte zu ihr kommen mit seinen Sorgen, nirgends ließ sie es an moralischer Aufrüstung, noch weniger ließ sie es an Zuteilung von Kleidungsstücken und Lebensmitteln an die Bedürftigen fehlen.

Mit einer Autorität und einer Entschlossenheit, die derjenigen ihres allseits geliebten und bewunderten Gatten in nichts nachstand, hielt sie die Verbindungen in das Hinterland, nach dem oberen Rhein, zu den Treverern und zu den Belgiern aufrecht und wachte mit Argusaugen darüber, daß keines der Schiffe, die Verwundete brachten, flußabwärts auslief, ohne bis an den Rand mit Proviant und Kriegsgerät beladen worden zu sein. Caligula, noch nicht vierjährig, nahm in voller Montur an den Waffenübungen der Rekonvaleszenten teil und gab sich dabei ganz die Miene, als sei er gefaßt und bereit, im Fall, daß etwa gegen Götterbeschluß und Wahrscheinlichkeit seinen Vater doch ein Mißgeschickt träfe, an dessen Stelle zu treten. Weder er noch seine Mutter konnten es hindern, daß Schwatzsucht und Kleinmut im Lager die Mär von einer Niederlage des Germanicus fabrizierten, die diejenige, die sich an den Namen Varus heftet, in ihrem Ausmaß sogar noch überböte.

Das Heer der Römer sei aufgerieben worden, so wurde gemunkelt, das der Barbaren befände sich im vollen Vormarsch nach Westen und werde sich nach dem Rheinübergang über Gallien wälzen. Wo der Weise immer noch die Übereinstimmung von Aussagen und Tatsachen prüft, hat der Ängstliche längst neue Tatsachen geschaffen, die ihn mit dem Weisen in das Verderben stürzen, das nicht einmal droht. Es gab in der ganzen Ära keine einzige Axt mehr, die nicht schon in der Hand irgendeines dieser Ruhelosen, deren Leben in der emsigen Vorbeuge gegen ihre eigenen Hirngespinste verstreicht, auf die Stützpfeiler unserer Rheinbrücke eingehackt hätte. Die Germanen, die gerade von Germanicus zwar nicht restlos vernichtet, aber doch empfindlichst geschlagen worden waren, sollten von diesen Genien daran gehindert werden, den Strom zu überqueren.

Unser Glück dabei war nur, daß sie es derart geräuschvoll taten, daß Agrippina die Ältere, die sich, nachdem sie ihrem Töchterchen die Brust gegeben hatte, ein Mal kurz ausruhte von ihrer rastlosen Tätigkeit für das Gemeinwesen, davon erwachte. Sofort war sie zur Stelle und gebot dem irrsinnigen Treiben Einhalt.

Daß man ihr, einem Weib, Gehorsam leistete, als wäre der große Feldherr selbst, siegreich und in Person vor ihnen erschienen, daß die Soldaten ihr, genaugenommen, sogar folgsamer waren als dem Germanicus bei seiner Ankunft, war, was Tiberius, als er bald darauf in Rom davon erfuhr, am meisten erschreckte. Ich bin überzeugt, daß Agrippina die Ältere eine nicht geringe Genugtuung aus der Vorstellung zog, welchen Eindruck es auf Tiberius machen würde, wenn man ihm berichtete, wie sie kurze Zeit später am Brückenkopf auf der gegenüberliegenden

Seite mit großer Geste die heimkehrenden Legionen begrüßte und ihnen für ihren Einsatz und ihre Tapferkeit bei den erfochtenen Siegen mit üppigen Geschenken aus der Staatskasse dankte.

Von Germanicus wissen wir, weil ich den betreffenden Passus in den von dir unterdrückten Denkwürdigkeiten deiner Mutter noch sehr genau in der Erinnerung halte, daß er seine Frau nie so geliebt hat wie in dem Augenblick, da sie ihn nach bestandenen Gefahren an der Rheinbrücke, die nach ihr benannte, ihr wie aus dem Gesicht geschnittene Tochter im Arm, heller als die Sonne im Mittag erstrahlend, empfing. Wie mußte seine Zufriedenheit und seine Verehrung für die ihm Angetraute erst wachsen, als er nach und nach erfuhr, mit welcher Tapferkeit sie ihm während des Feldzugs den Rükken gedeckt, welche Heldentat sie zur Errettung unseres strategisch bedeutsamsten Bauwerks jenseits der Alpen vollbracht hatte!

Die Szene der Rückkehr des Germanicus aus den von den Barbaren beherrschten Wäldern und Sümpfen ist uns von Agrippina, als sie die Ereignisse ihres Lebens Revue passieren ließ, so plastisch geschildert worden, daß der Leser den Eindruck gewinnt, sie habe, auf dem Arm ihrer Mutter sitzend, von dort an den Hals des Heldenvaters fliegend, alles ganz minutiös registriert. Germanicus wird nicht müde geworden sein, seiner kleinen Agrippina die Verteidigung der Rheinbrücke gegen die äxteschwingenden Angsthasen als das leuchtende Beispiel einer großartigen Frau hinzustellen, die sich durch ihren Mut und durch ihre Tatkraft den Ruhm des Vaterlandes erwirbt. Agrippina kam, noch als sie dich schon auf jenen Thron, der ihrem Vater verwehrt blieb, gesetzt hatte, immer wieder gerne darauf zurück.

Ganz anders malte sich, wie wir ebenfalls wissen, das Verhalten der älteren Agrippina in der Vorstellung und in der Bewertung des Tiberius aus. Er, den das Volk als Muttersöhnchen verspottete, weil er nicht den kleinsten Schritt wagte, ohne sich vorher dafür von Livia die Erlaubnis zu holen, erging sich in Schimpfreden über den Vorwitz der älteren Agrippina, der nach seiner Meinung an den Grundfesten römischer Sitte auf eine weit gefährlichere Art nagte als die Leute, die sich mit ihren Äxten an der Brücke zu schaffen gemacht hatten. Eine Frau, die sich zu den Feldzeichen stelle, die Manipel mustere, deren Wort bei der Truppe mehr gelte als das der Legaten, eine Frau, die sich fähig gezeigt habe, eine Meuterei zu ersticken, welcher selbst der Name des Princeps nicht Einhalt zu gebieten vermochte, eine solche Frau sei für den Bestand des Gemeinwesens, für die Macht des Imperiums verderblicher als zehn mal zehn Armini mit tausend mal tausend keulenschwingenden Germanen in ihrem Gefolge.

Auf diesen Ton waren die Tiraden gestimmt, mit denen Tiberius sich bei der Mutter und im Kreis seiner Vertrauten Kühlung zu schaffen versuchte für den Zorn, den das verabscheuungswürdige Ungeheuer an der Seite seines Adoptivsohns in ihm aufkochen ließ. Natürlich meinte er den Esel, derweil er auf den Sattel eindrosch mit diesem einem römischen Kaiser schlecht zu Gesicht stehenden Ingrimm. Nicht ganz zu Unrecht bildete er sich ein, von den Germanen mehr zu verstehen als der, der von seinem Vater Drusus den Ehrennamen ihres Bezwingers geerbt. Er hatte Germanicus mehr als ein Mal die Prinzipien erörtert, nach welchen er unter seiner Herrschaft das Imperium mit seinen Grenzen zu entwickeln gedachte. Ein Grundstein seiner Doktrin war die Beendigung des germanischen Krieges, den er selbst so lange geführt, ohne die Erträge in irgendeine Nähe zum betriebenen Aufwand bewegen zu können. Unsere Stützpunkte am Rhein sollten nur noch die von der Natur bereits bestens geschützte Grenze zusätzlich sichern, nicht mehr wie in der Vergangenheit die Sprungbretter sein für Überfälle auf die jenseits liegenden Gebiete, weil sich das, was man allenfalls dort eroberte, wie sich gezeigt hatte, nicht auf Dauer dem Frieden unterwerfen und der Zivilisation eingliedern ließ. Dieser Verzicht würde die germanischen Legionen darüber hinaus um so zuverlässiger ihrer zweiten Aufgabe dienen lassen, nämlich sich für die Züchtigung der periodisch zu Aufständen neigenden Gallier in Bereitschaft zu halten.

Germanicus hatte sehr genau gewußt, wie Tiberius die germanischen Dinge für alle Zukunft zu regeln wünschte. Wie also sollte Tiberius den eigenmächtigen Vorstoß, der wiederum nur Ruhm und läppische Germanenbeute, aber nichts Handfestes, nichts nachhaltig Gewinnbringendes für Rom eingespielt hatte, bewerten? Er konnte darin gar nichts anderes als eine Treulosigkeit, als eine ihn bedrohende Herausforderung sehen. Sollte an der germanischen Front, wie er es sich vorstellte, Ruhe und schließlich ein gesicherter Frieden eintreten, mußte er zuallererst Germanicus mitsamt der aufgeblasenen Soldatenmutter und dem albernen Kindergeneral von ihr entfernen.

Wenn Tiberius dem vergöttlichten Augustus eines zu verdanken hatte, dann war es die Einsicht, daß man einen Mann, den man loswerden will, durch übertriebenes Lob zuverlässiger vernichtet als durch Kritik. Er zog also weder Germanicus noch Agrippina die Ältere zur Rechenschaft für den an ihm verübten Verrat, er ließ ihn durch den Senat mit Ehren und Titel eines Imperators auszeichnen und bewilligte ihm für die glorreichen, zwischen Urwald und Sümpfen errungenen Siege über die Germanen in Rom einen großen Triumph.

V

Ich will nicht nach prunkvollen und hochklingenden Worten suchen, die dem, was dort alles an Klamauk und Zauber aufgeführt wurde, die Entsprechung zu leihen vermöchten. Nicht, weil meine Zeit zu knapp dafür wäre. Meine Zeit war immer knapp, und genau deswegen reicht sie mir jetzt so gut und schlecht, wie sie das immer getan hat. Ich habe die Liebe für den Schmuck und den Drang, sich mit glänzenden Metallen und funkelnden Steinen zu behängen, stets für unmännlich gehalten und sie in Reden und Schriften nach Kräften gerügt.

Ich bin zeitlebens nicht unbedingt ein Freund der Schauspieler, aber doch meistens ein Freund des Theaters gewesen, habe mit eigener Hand, weil du das mit solchem Nachdruck von mir verlangtest, die eine oder andere Tragödie verfaßt. Ich danke dir übrigens dafür, daß du mich immer wieder bedrängt hast, bis ich dir nachgab. Es war ein sublimes, unter gewissen Aspekten göttlich zu nennendes Vergnügen, mit Aischylos, Sophokles, Euripides wetteifern zu dürfen.

Aber merke wohl, Nero, das Vergnügen, das ich genoß, lag darin, den Helden und Chören ihre Verse zu schmieden. Später im Theater zu sitzen und das, was man in Zuständen erhobener, manchmal entrückter Seele aufgeschrieben hatte, durch die Masken der Schauspieler wiederzuhören war schal, mitunter quälend. Nicht so sehr, weil mir der Abstand meiner Kunst zu der meiner Vorbilder von den Mimen recht fühlbar gemacht wurde. Nein, ich litt einfach darunter, daß dem Volk, in dem ich als Zuschauer eingezwängt saß, etwas vorgemacht wurde.

Regelmäßig befällt mich eine Empfindung zwischen Mitleid und Ekel, wenn ich Zeuge werden muß, wie der Lebensdurst der Menschen durch großartige Vorspiegelungen von Nichtexistentem gelöscht wird, statt daß man sie auf den von der Philosophie gewiesenen Weg führt, wonach sich ihre natürlichen und elementaren Bedürfnisse mit einem sehr viel geringeren Aufwand befriedigen ließen. Ich wiederhole dir nicht meine Ansicht von den Gladiatorenkämpfen und Wagenrennen im Circus, in die du so vernarrt bist. Sie ist dir sattsam bekannt.

Bestimmt ist es gut, daß du das, was ich hier aufschreibe für dich, erst lesen wirst, wenn ich tot bin. Ich bin mir nämlich sicher, daß du es als eine Beleidigung auffassen wirst, wenn ich dir hier sage, daß der Triumphzug des Germanicus eine Augenweide gewesen sein muß, an die nichts von dem, was du dir an neuartigen Spielen und Volksbelustigung ausgedacht hast, auch nur entfernt heranzureichen vermöchte, daß ein Jubel wie derjenige, der Germanicus mit seiner Familie auf ihrem vergoldeten Wagen von den Straßenrändern umtoste, an dein Ohr nie dringen wird, und versammeltest du gleich ganz Griechenland in einer Arena, um dir auf der Bühne das, was dir an Seele geblieben ist, aus dem speckig gewordenen Leib zu singen.

Verzeih, Nero, jetzt bin ich nach der Art, die man den mürrischen Greisen nachsagt, doch ein klein wenig boshaft geworden. Das war nicht meine Absicht. Du wirst mir vergeben, wenn zur Abwechslung einmal ein Alter zu einem Jungen etwas Neckisches sagt.

Du magst, wenn dich eine lyrische Stimmung ankommt, aus deiner Phantasie eine Schilderung jenes Triumphzugs deines Großvaters einfügen in meinen Text und dir dabei vorstellen, welchen Eindruck das Ganze auf die kaum zweijährige Agrippina gemacht haben könnte. Dein Onkel Caligula wird, wie ich es mir denke, spätestens an diesem Tag den Rest eines Sinns für die Wirklichkeit eingebüßt haben.

Auch wirst du mich nicht länger der Boshaftigkeit bezichtigen wollen, wenn du betrachtest, wie weiter Tiberius mit Germanicus umging. Mit dem Triumph, den er gespendet hatte und der ganz Rom in einen so überwältigenden wie unvergeßlichen Taumel versetzte, war es ihm noch nicht genug. Er warf im Volk zu Ehren des Germanicus auf jeden Kopf die unerhörte Summe von 300 Sesterzen aus, bezeugte seine Gunst dann auch noch dadurch, daß er sich zum Consul neben dem Adoptivsohn bestimmte. Niemand zweifelte mehr, Germanicus in einer nahenden Zukunft als Princeps zu sehen.

Geradezu gesetzmäßig scheinen bei den Frauen, wenn sie einmal die ihnen angeborene Scheu gegen Papyros und Schreibrohr niedergelegt haben, die Geschwätzigkeit und die Gefallsucht, die ebenfalls Erbteil ihres Geschlechts sind, vom Mundwerk auf die schreibende Hand überzugehen. So jedenfalls wäre es zu erklären, warum Agrippina auf die erwähnte Schilderung jenes Triumphs in ihren Erinnerungen eine Reisebeschreibung folgen läßt, welche die Werke des Strabo und des Polybios gewiß nicht an Gehalt, dafür aber an Länge übertrifft.

Du darfst auf den Fersen eines Kleinkindes die Landschaften Asiens und die Großzahl seiner berühmten Städte und Inseln besichtigen, erfährst alles Wissens- und Nichtwissenswerte über die Sitten und Gebräuche ihrer Bewohner, lernst tausend neue Lokalgottheiten kennen, und wenn sich dir von der Überfülle des Stoffs der Magen zu wenden beginnt, wenn du nach dem Abort fragst, wo du mit einer Feder all das Unverdauliche wieder aus dir herauskitzeln könntest, wird dir eröffnet, daß, was man dir da aufgezwängt, gerade erst die Vorspeise war, gereicht einzig, um deinen Appetit anzuregen. Denn jetzt geht es nach Ägypten hinunter …

Einen Faden allerdings gibt sie dir in die Hand, an dem du dich wie Ariadne wieder herauswickeln kannst aus diesem schaurigen Labyrinth, in dem es von Fratzen und Lemuren nur so wimmelt. Das ist die Verherrlichung von Germanicus und Agrippina der Älteren, die von der braven Tochter leider so übertrieben wird, daß du nicht nur an der Göttlichkeit ihrer Eltern, sondern bald schon an deren Menschlichkeit zu zweifeln beginnst. Wo das Interesse an der Wirklichkeit fehlt, sucht man meist auch nach der Liebe zur Wahrheit vergebens. Es schüttelt mich heute noch, wenn ich an diesen Teil von Agrippinas Lebensbeichte zurückdenken muß, und ich will dir von hier für die gütige Vorsorge danken, die künftige Geschlechter davor bewahrt, belastet und belästigt zu werden von diesem endlosen Gewäsch.

Germanicus wurde von Tiberius nach Syrien geschickt.

Genau wie Agrippina die Ältere hatte er sich blenden lassen von der geheuchelten Gunst des väterlichen Kaisers. Dabei war Tiberius nicht einmal auf der Höhe seiner Verstellungskunst, denn die Begründung für die Mission, die er Germanicus auftrug, klang derart fadenscheinig, daß der Argloseste sie hätte durchschauen müssen. Es war nicht einmal eine ordentliche Statthalterschaft oder ein militärisches Kommando über bestimmte Legionen, vielmehr eine mirakulöse Generalvollmacht, die Tiberius Germanicus erteilte und die ihm erlauben sollte, überall, wo er Mißstände vorfand, Abhilfe zu schaffen, ganz, als ob der Princeps selbst der Eingreifende wäre.

Eine seltene und schöne Gelegenheit, den älteren Teil der Welt kennenzulernen, wäre es immerhin gewesen, insonderheit für die Kinder, wenn …

Ja, wenn diese Kinder mitgereist wären! Agrippina hat aber sowenig wie Caligula auch nur eine der Sehenswürdigkeiten, denen sie ihre ellenlangen Beschreibungen widmet, je mit eigenen Augen gesehen, weil sie nämlich fein bei ihrer Großmutter Antonia in Rom bleiben mußte. Alles, was sie von ihrem Vater bei dessen Rückkehr erblickte, war die Urne, die seine Asche barg.

Ich habe es mir abgewöhnt, hinter der Geschwätzigkeit, ob sie mir nun bei Männern oder bei Frauen begegnet, nicht mehr zu vermuten als ein minderes, daher leicht zu verzeihendes Laster. Ich wette heute darauf und habe es, wo immer ich einen solchen Fall genau untersuchte, ohne Ausnahme bestätigt gefunden, daß die Geschwätzigkeit ein weit schlimmeres Laster, nicht selten ein schweres Verbrechen verbirgt. Von dieser Seite, Nero, muß ich dich wieder schelten, daß wir es an Agrippinas Buch nicht mehr nachprüfen können, ob sich aus diesem scheinbar so harmlosen Geplauder nicht vielleicht sogar die schreckliche Wahrheit schon herausfinden läßt.

Tiberius hatte seine nicht von der Hand zu weisenden Gründe, als er Germanicus den Befehl über die germanischen Legionen entzog. Ihn nach Syrien zu schicken, dafür fehlten ihm solche Gründe, und er konnte infolgedessen auch keine stichhaltigen nennen. Erwähnen wir ruhig, daß es Tiberius bisweilen geschah, wie es auch ganz gewöhnlichen Heuchlern und Lügnern ergeht, daß sie tatsächlich häufig selbst nicht mehr wissen, was sie eigentlich denken. Es mußte Tiberius nach Lage der Dinge lieber sein, Germanicus tot als ihn am Leben zu wissen. Das verschärfte sich noch, als Germanicus mit der blauäugigsten Selbstverständlichkeit die ihm erteilte Vollmacht auf Ägypten ausdehnte.

Davon war natürlich keine Rede, geschweige denn eine Abrede gewesen. Das ist ein sehr kluges Gesetz, das auf den vergöttlichten Augustus mit seinen Erfahrungen aus dem Bürgerkrieg zurückgeht, ein Gesetz, an dem weder Caligula noch Claudius gerührt haben und das besonnenerweise auch du aufrechterhalten wirst, das Gesetz, das es jedem Würdenträger bei der Höchststrafe verbietet, ohne die ausdrückliche Genehmigung des Princeps seinen Fuß auf die Nilländer zu setzen. Und Germanicus tat ein bißchen mehr, als seinen Fuß dort hinzusetzen, die Pyramiden zu besichtigen, auf Kamelen herumzureiten und die Krokodile zu füttern, soviel steht fest. Daß er die Getreidespeicher öffnete, hätte Tiberius vielleicht noch zu loben vermocht. Schließlich wurde dadurch der herrschenden Hungersnot ein Ende bereitet. Was aber sonst an sein Ohr drang über die Anstalten, die Germanicus in den Nilländern traf, deutete stark darauf hin, daß Germanicus im Sinn hatte, da ja die Fußstapfen des vergöttlichten Augustus nun einmal er, Tiberius, sehr sicher besetzt hielt, in diejenigen seines Großvaters Marcus Antonius zu treten.

Wenn Agrippina uns den Tiberius als einen finsteren Bösewicht zeichnet, der es hauptsächlich darauf abgesehen hatte, ihren Vater unter die Erde zu bringen, so ist das, finde ich, durchaus verständlich. Wenn ihr Onkel, ihr späterer Gatte und Kaiser, Germanicus' Bruder Claudius, moderater im Ton, sachlicher in der Führung seiner Beweise, es ebenso hält, wird uns auch das nicht verwundern. Was mich wundert, ist der Umstand, daß, ganz gleich, welchen unserer Geschichtsschreiber ich konsultiere, jeder von ihnen den Germanicus als den Ausbund der Tugend, Tiberius als dessen gerades Gegenteil auftreten läßt.

Diese Historiker haben Germanicus meist noch gekannt, erwähnen es gerne, daß sie bei seinem Triumphzug anwesend waren. Germanicus war ein Muster an männlicher Schönheit, das betonen sie alle. Wenn man eines seiner Standbilder studiert, von denen es unzählige ja nicht nur in Rom, sondern überall auf der Halbinsel gibt, wird man dem beipflichten müssen. Der ideale Bau von Gliedern und Muskeln verlieh ihm außerordentliche Kräfte, die er nicht ungern bei sportlichen Wettkämpfen bewies. Stets wird seine Sanftmut hervorgehoben, die bei einem solchen Athleten und Hünen besonders erstaunt. Er war der unbestrittene Liebling des römischen Volkes und ist es zu deinem Glück bis heute geblieben. Es fällt mir schwer zu glauben, daß ihm jegliche Ambition, die Macht zu ergreifen, gefehlt haben soll. Ein Stoiker war Germanicus nicht. Und er hatte eine Frau. Eine Frau, die er liebte. Eine Frau, die mehr als er darunter litt, daß Tiberius über ihm stand.

Ich könnte vor Gericht nicht die Anklage führen, weil die Beweise, die ich vorlege, nicht ausreichen, darauf ein Urteil zu gründen. Tiberius hatte die stärksten Motive, Germanicus aus seinem Wege zu räumen. Agrippina die Ältere wollte herrschen. Sie wollte herrschen in Rom, nicht in Ägypten. Ihrer Tochter hat sie ein – wenn auch lückenhaftes – Geständnis abgelegt, als sie ihr Spiel gegen Tiberius verloren geben mußte. Mir hat, als wir sehr vertraut miteinander waren, Agrippina unter Hinzufügung weiterer Lücken die Beichte ihrer Mutter weitererzählt. Es war unverfänglich und andeutend, was sie mir sagte, aber es war genug, mich verstehen zu lassen, daß Agrippina die Ältere das Gift, an dem er starb, Germanicus selbst ins Essen gemischt hat.

Germanicus wollte die ägyptische Provinz aus dem Imperium lösen, wollte sie wie Marcus Antonius als König eines unabhängigen Reiches regieren. Agrippina die Ältere wollte, konnte ihm keine Kleopatra sein. War sie imstande, Tiberius mit dem Mord an seinem Adoptivsohn zu belasten, wäre unfehlbar einer ihrer Söhne an dessen Stelle getreten. Nun kam dieser Piso ins Spiel.

Ach, siehst du, Nero, wie nützlich das ist, den Geist nicht immer mit sich selbst, sondern ihn ab und an auch mit Gegenständen zu befassen, die ihn mit sich fortziehen? Beim Hercules, ich schwöre dir, ich hatte völlig vergessen, daß dein Todesurteil an mich unterwegs ist. Nur die Gleichheit des Namens, die Tatsache, daß es bei Germanicus wie bei mir ein Piso war, der ihn ins Verderben gestürzt hat, hat mich an den Stand der Dinge erinnert.

»Was?« sagst du. »Seit wann spricht Seneca so?« Recht hast du, Nero. Schädlich, nicht nützlich ist es, wenn der Gedanke an den Tod uns verläßt. Piso ist ein guter Name. Der Piso, der dich zu stürzen versucht, damit nicht seinen, aber meinen Tod erwirkt hat, war ein guter Name. Der Piso, der mit seiner Frau Plancina in Asien auftrat, Germanicus das Leben zur Hölle zu machen, war erst recht ein guter Mann.

Piso war ein Mann ohne Verdienst und Charakter, seine Plancina eine triefäugige, klunkerbehangene Vettel. Ihre Machtgeilheit umwehte sie als ein Gestank von Knoblauch und Aas und war durch keines der teuren Duftwässer, mit denen sie sich unablässig besprühte, zu überdecken. Ihr Betragen gegen Germanicus und Agrippina die Ältere war schroff, unverschämt, unmanierlich, sogar an dem Abend, als sie mit Piso an deren Tafel zu Gast war, nachdem Germanicus ihnen eben aus einem Schiffbruch das Leben errettet hatte. Germanicus und Agrippina die Ältere mußten den Eindruck gewinnen, Tiberius habe diesen Piso zum syrischen Statthalter gemacht in der einzigen Absicht, sie durch diese Ernennung zu quälen. Mit Fleiß durchkreuzte dieser Piso alle Pläne des Germanicus, ordnete gegen jede seiner Maßnahmen sofort Gegenmaßnahmen an. Hätten sie etwa glauben sollen, dieser niederträchtige Intrigant und Zerstörer handle ohne das Einverständnis des Princeps, er wage seine unfaßlichen Provokationen gegen Germanicus auf eigene Faust?

Germanicus, der sich wohl gerne mit den Horden des Arminius schlug, war von einem zu hohen Adel, an den häßlichen Streitereien, die dies so verachtungswürdige Subjekt ihm aufzwang, Gefallen finden zu können. Wenn Agrippina die Ältere sich bei ihm über Piso beklagte und ihn stachelte, ihn kraft seiner Vollmacht nach Hause zu schicken oder wenigstens Tiberius um dessen Abberufung zu bitten, bekam sie zur Antwort, diese Geißel in Menschengestalt könne überhaupt nichts anderes sein als ein äußerst triftiger Grund mehr, Antiochia den Rücken zu kehren und sich an die Alternative zu halten, die ihnen von Afrika winkte.

Es kam nicht dazu. Germanicus hauchte seinen edlen Geist in Syriens Hauptstadt aus. Es war eine längere Krankheit, die ihn hinraffte, und er selbst war überzeugt, daß Piso ihn vergiftet hatte.

In seiner Todesstunde versammelte Germanicus seine Freunde um sich, klagte vor ihnen Plancina und Piso als seine Mörder an und ließ sie Rache schwören. Seine letzten Worte an Agrippina die Ältere waren die Bitte, sich unter das Joch des Schicksals zu beugen, und die Warnung, sich bei ihrer Rückkehr nach Rom nicht mit Tiberius auf einen Kampf um die Macht einzulassen.

Der Sinn für Theatralik, Nero, die unbändige Lust an Spektakeln im ganz großen und im noch größeren Stile, die sind dir vererbt. Die Wirkung, die Agrippina die Ältere als jubelnde Imperatorin auf dem vierspännigen Wagen neben Germanicus erzielt hatte, überbot sie noch in der Rolle der trauernden Witwe.

Wenn es mir als einem Todgeweihten keine sonderliche Kühnheit abverlangt hat, meine Zweifel daran zu äußern, ob Agrippina die Ältere dem Germanicus eine so folgsame Gattin war, wie man behauptet, so liegt auf der Hand, daß sie es nach seinem Tod ganz gewiß nicht mehr gewesen ist. Sie setzte sich über den vor Zeugen bekundeten letzten Willen des Germanicus hinweg, lange bevor sie in Rom ankam. Die Feierlichkeiten, die sie noch in Antiochia zur Ehrung der Leiche abhalten ließ, dann aber mehr als offensichtlich die Heimführung der Asche des Verewigten, das waren Herausforderungen, die sich gegen Tiberius richteten.

Sie hätte die Trireme mit Germanicus' Asche in Ostia oder doch in Misenium landen lassen können. Dann wäre sie aber nicht Agrippina die Ältere, nicht Agrippinas, Caligulas Mutter, nicht Neros Großmutter gewesen. Nein, in Brundisium machte das Schiff, das die Urne durch die Ägäis in die Adria trug, fest. So blieb ihr die ganze Landstrecke durch

Apulien, Calabrien und Campanien, wo man in Hunderten von Städten, in Tausenden von Dörfern den Topf mit der Asche des Germanicus vorzeigen und die Emotionen der Menschen aufwühlen konnte. Wenn Agrippina die Ältere ihre Trauer und ihre Sehnsucht nach Vergeltung zu Beginn des Zugs vielleicht noch gespielt haben sollte, so wurden sie von Station zu Station echter. Die Trauer und die Wut, die ihr allerorten entgegenschlugen, luden sie immer mehr auf, bis sie ganz damit angefüllt war, bis zwischen ihrem Empfinden und dem der Volksmassen kein Unterschied blieb. Tiberius sah sich unter Zugzwang gesetzt, und er mußte sich sputen, was ihm an Ehrenbezeugungen für den Verstorbenen noch möglich war, schnell in die Tat umzusetzen.

So schickte er Agrippina der Älteren zwei praetorianische Kohorten entgegen, die unterwegs die Beamten der Koloniestädte anwiesen, alles vorzubereiten, um beim Eintreffen des Zuges die höchstmögliche Würde und Trauer auch von seiten der Offiziellen zu garantieren. So wurde auf weiten Strecken die Urne, die Agrippina die Ältere nur mit Unwillen aus ihren Armen entließ, von Tribunen und Centurionen getragen. Drusus, der leibliche Sohn des Tiberius, der Stiefbruder des Germanicus, kam der wandernd wachsenden Trauergemeinde bis Tarracina entgegen. Ihn begleitete von Rom aus Claudius, der wirkliche Bruder des Germanicus, mit sich führend dessen zurückgebliebene Kinder Caligula und Agrippina.

Auf dem letzten Stück des langen, langen Weges über die Via Appia nach Rom hinein, auf der Zielgeraden sozusagen, reihten sich auch die beiden Consuln M. Valerius und M. Aurelius, die gerade ihr Amt angetreten hatten, mit den Senatoren unter die Wehklagenden ein. Es hatte den Anschein, als wären an diesem Tag nur eine einzige Römerin und ein einziger Römer in ihren Häusern geblieben, was die Schlußfolgerung nahelegen mußte, es sei ihnen das Schicksal des Germanicus gleichgültig gewesen.

Es handelte sich bei den beiden um Livia, die Augusta, und um Tiberius, ihren Sohn. Wollten sie den Glauben erwecken, die Trauer um Germanicus habe sie schlicht überwältigt, so daß sie es für unschicklich hielten, ihre verweinten Gesichter der Öffentlichkeit zu präsentieren? Oder fürchteten sie mit ihren Verstellungsküsten der zum Kampf Angetretenen nicht die Stirn bieten zu können? Fühlten sie sich nicht stark genug, jedes Anzeichen der heimlichen Freude, die sie über den Tod des Germanicus empfinden mußten, unter der Trauermiene zu bannen?

VI

Wir sollten trauern. Wir wären keine Menschen, würden wir nicht traurig bei dem Verlust eines Verwandten, eines Freundes, einer Geliebten. Aber wir müssen Maß halten bei dieser Trauer.

Ich sehe dich vor mir, Nero, wie du abwehrend deine Hände erhebst.

»Maßhalten, Seneca«, sagst du, »das ist deine einzige und ewige Leier, und du fällst mir auf die Nerven damit, der ich es einmal beim Kitharaspiel auf Virtuosität angelegt habe.«

Dein Gefühl mag recht haben. Gefühle haben immer recht.

Bei allem, was wir tun, ist es wichtig, das Maß einzuhalten. Ich hätte aber nicht meine Arbeit an den Briefen an Lucilius, aus denen ich so großes Vergnügen und so reichliche Selbstbelehrung beziehe, zur Seite gelegt, um auf dieser Rolle deinen Friedensschluß mit dem Geist deiner Mutter zu befördern, wenn nicht das Maßhalten gerade bei der Trauer das allerwichtigste wäre. Die wahre und angemessene Trauer, behaupte ich, findet unweigerlich auch den ihr entsprechenden Trost.

Du hast beim Tod deiner Mutter mit der öffentlichen Trauer dir deine eigene verboten. Das war gegen die Natur gehandelt, und du mußt nun schmerzhaft erleben, wie sich die Natur an dir rächt. Maßhalten bedeutet eben nicht nur, sich vor Übertreibung und Verschwendung zu hüten, es bedeutet ebensosehr, sich nicht der Knausrigkeit und der Grausamkeit gegen sich selbst hinzugeben.

Wir beklagen den Tod des anderen, sagen wir, wenn wir trauern, und ich habe weiter oben, ohne es tiefer zu durchdenken, bei Gelegenheit diese Wendung benutzt. Wir klagen aber, wenn wir genauer hinschauen, nicht über den Schmerz desjenigen, der starb, denn er ist ja soeben befreit worden von allem Schmerz. Wir jammern über das Leid, das er mit seinem Tod uns zugefügt hat. Wir krakeelen, gerade als hätten gesetzlose Banditen sich an unserem Eigentum vergriffen, weil wir uns des vergnüglichen Umgangs, des Schutzes, der Zuwendung, der Liebe, der Geschenke, welche der Verstorbene uns zu gewähren pflegte, beraubt fühlen auf heimtückische Weise. Wir fluchen den Göttern, wir fluchen dem Schicksal, aber eigentlich meinen wir den, der die Herzlosigkeit besaß zu sterben, sich ermorden zu lassen, ohne dabei auf uns die geringste Rücksicht zu nehmen.

Du erkennst, wie fragwürdig die Trauer ist, die wir mit stillen Seufzern, Tränen und Wehklagen vor uns selber vollführen. Wie verhält es sich erst mit den Gefühlen, die wir vor unseren Mitmenschen ausstellen? Was, frage ich, können sie den, den wir angeblich betrauern, angehen? Wollen wir nicht –

und zwar nicht hauptsächlich, sondern ausschließlich – in den Augen derer, denen wir unsere Trauer bekunden, als besonders edle Menschen erscheinen, die jemandem schmeicheln, der uns dafür gar nicht mehr danken kann und uns belohnen? Und wer unternähme es, andere zu betrügen, der nicht am Ende darauf aus wäre, sich selbst zu betrügen?

Habe ich dir bewiesen, daß jede Trauer, die über das hinausgeht, was die Natur uns eingibt, Selbstbetrug ist? Ich will es noch deutlicher sagen. Die zur Schau gestellte Trauer ist nichts als das Zähneklappern vor unserem eigenen Tod. Und dies Zähneklappern wiederum ist das quälende Bewußtsein davon, daß wir unser Leben vergeuden.

Ich will nicht beurteilen, was Livia und Tiberius an jenem Tag davon abhielt, sich der Menge zu zeigen. Wenn Tiberius in der Folge der außer Rand und Band geratenden Trauer um Germanicus Einhalt gebot, dann hat er sich in diesem keineswegs nebensächlichen Punkte als ein Weiser stoischer Prägung erwiesen. So muß, weil ich schon viel Schlechtes über ihn gesagt habe, unbedingt angemerkt werden, daß er die schmeichelhaften Titel, die ihm die Väter aufdrängen wollten, zurückwies, die Gemeinden, die ihm Standbilder und Tempel errichten wollten, abschlägig beschied und sich am Neujahrstag, an dem ihm viele gerne ihre Danaergeschenke dargebracht hätten, fern der Hauptstadt aufhielt.

Freilich hatte er für sein weises und würdiges Benehmen die besten politischen Gründe. Agrippina die Ältere schlug aus der Urne, die dann eher still im Tempel des Augustus beigesetzt wurde, weiterhin Kapital auf eine Weise, die ihr, nicht nur im Hinblick auf den letzten Willen des Germanicus, den Vorwurf der Schamlosigkeit nicht zu ersparen vermag. »Das Gemeinwesen ist untergegangen!« – »Es gibt keine Hoffnung mehr!« Das waren Sprechchöre, wie sie zu dieser Zeit nicht nur in den Gassen der Subura, sondern auch auf der Via Sacra erklangen. Was hättest du an Tiberius' Stelle davon gehalten?

Tiberius mochte lächeln über den liebenswürdigen Volksglauben, Germanicus hätte, wäre er statt seiner Princeps geworden, mit der Wiederherstellung der Republik als erstes sich selbst abgeschafft. Man mußte nur auf Agrippina die Ältere schauen. Unermüdlich war sie in ihrem Trauergewand Tag für Tag auf den Beinen und spann die Fäden ihrer Partei von den Familien der Patrizier in die der Plebejer und von dort wieder zurück. Es fehlte nicht viel, dann hätte sie ihre Agitation auch unter den Freigelassenen und unter den Sklaven betrieben.

Angesichts der Offenheit, mit welcher sie die Augusta und ihren Sohn angriff, dem sie die Minderwertigkeit seines Stammbaums im Vergleich zu dem ihrigen vorwarf, muß man den Tiberius geradezu der Gelassenheit rühmen. Agrippina die Ältere glaubte es als einen ersten Erfolg ihrer Umtriebe, als ein wertvolles Zugeständnis, das sie ihrem Schwiegervater abgetrotzt hatte, feiern zu dürfen, als Piso vor Gericht gestellt wurde.

In nahezu allen Punkten der Anklage wurde Piso für schuldig befunden. Ausnahme: der Mord an Germanicus, der ihm ja nicht nur von Opfer und Witwe, der ihm sehr lauthals aus allen Gassen und Hauptstraßen zum Vorwurf gemacht worden war.

Piso hat sich vor Ende des Prozesses selbst das Leben genommen. Du weißt, welchen Respekt ich jedem wackeren Mann zolle, der diesen Weg zur Freiheit, den die Natur uns immer offenhält, ohne Zaudern zu gehen bereit ist, sobald sich ihm die übrigen sperren. Für Agrippina die Ältere war es selbstverständlich nicht die Genugtuung, nach der sie lechzte. Der Mann hatte ja einem Urteil vorgegriffen, das ihm für die Vielzahl nachweisbarer und nachgewiesener Verbrechen blühte, und eben nicht des Mordes an Germanicus wegen.

Das machte es Agrippina der Älteren schwer, den Schatten des Verdachts bis hin zum Kaiser selbst hinzuziehen. Wie hätte Tiberius Piso zu einem Verbrechen gedungen haben sollen, das jener überhaupt nicht beging? Die Antwort auf diese Frage kannte nur Agrippina die Ältere selbst, und genau deswegen blieb sie bei ihrer Behauptung.

Ist es nicht so, Nero, daß wir, wenn man uns ungerechtfertigterweise eines Verbrechens oder auch nur einer unsittlichen Handlung bezichtigt, es manchmal bereuen, dies Verbrechen, diese unsittliche Handlung nicht wirklich begangen zu haben?

Ich kann mir vorstellen, daß sich eine Empfindung dieser Art in Tiberius regte.

Er legte sich jetzt wirklich einen Mordbuben zu. Das war Seianus, den er zum Befehlshaber der Praetorianer ernannt hatte. Das Verhängnis, das wieder und wieder die Praetorianer mächtiger werden ließ als die Kaiser, die sie beschützten, nahm von hier seinen Ausgang.

Diesem Seianus übertrug Tiberius die Ordnung der verwirrten Verhältnisse in der kaiserlichen Familie und ließ ihm die uneingeschränkte Wahl bei den anzuwendenden Mitteln. Um so freundlich-schwiegerväterlicher konnte der Princeps Agrippina der Älteren und ihrem Anhang begegnen. In ihren Memoiren läßt Agrippina Tiberius im Gespräch mit ihrer Mutter einen griechischen Vers zitieren, den auch ich hier nicht übergehen möchte, weil er diesen Herrscher einmal witzig erscheinen läßt, ohne zugleich schäbig und grausam zu sein.

»Wenn du nicht auf dem Thron sitzen darfst, Töchterchen«, sagte Tiberius, der Werke griechischer Dichter auswendig wußte, von denen uns nicht einmal mehr der Name bekannt ist, »dann fühlst du, als sei dir das größte Unrecht geschehen.«

Oh, hätte nur deine Mutter, Nero, diese Ironie, über die Tiberius manchmal verfügte, zur Lockerung ihres eigenen Stupors anzuwenden vermocht! Es wäre überflüssig, diese Schrift für dich zu verfassen, und ich könnte gleich mit einem neuen Brief an Lucilius beginnen.

Während sein Bluthund Seianus wie der aus dem Wald hervorbrechende Wolf die Herde der älteren Agrippina von ihren Rändern her dezimierte, indem er eines der ihr nachlaufenden Schafe nach dem anderen riß, empfahl Tiberius dem Senat deren Söhne, als ob er gesinnt sei, einem von ihnen das Principat zu vererben. Ich habe bisher nur von Caligula, nie von dessen und Agrippinas älteren Brüdern gesprochen. Ihr Ende war kläglich, aber es wurde wenig beklagt.

Ihrem ältesten Bruder immerhin schuf Agrippina doch ein Gedächtnis, indem sie dich nach ihm Nero benannte. In ihren Aufzeichnungen spielt er fast gar keine Rolle, sowenig wie Drusus, den Agrippina die Ältere zwischen Nero und Caligula zur Welt gebracht hat. Den Namen Drusus trug, wie bekannt, auch der leibliche Sohn des Tiberius, und ich will nicht herzählen, auf welche Weise jener von Seianus umgebracht wurde, nur erwähnen, daß es geschah, ehe er über Agrippinas älteste Brüder herfiel. Einige der Geschichtsschreiber bemerkten, Seianus habe überhaupt erst dadurch, daß weder ihm noch Tiberius irgend jemand in der Familie, im Senat oder im Volk einen Vorwurf zu machen gedachte, den Mut entwickelt, Hand auch an die Söhne des Germanicus zu legen.

Soll man den Seianus für die Geschicklichkeit preisen, mit der er seine Schlingen auslegte, in denen sich seine auserkorenen Opfer verfingen und selbst erwürgten, ohne daß er hätte nachhelfen müssen?

Er machte sich die Rivalität zunutze, wie sie unter Brüdern fast immer besteht und natürlich besonders, wenn beide zu Hoffnungen berechtigt sind, die nach der Macht eines römischen Kaisers hin zielen. So wurde Drusus, der sich von Agrippina der Älteren zurückgesetzt fühlte, zum Werkzeug des Seianus bei der Beseitigung seines älteren Bruders.

Seianus ließ auch von anderen, die um seine Gunst buhlten, Nero zu Äußerungen reizen, welche die Majestät des Kaisers herabsetzten, und eröffnete mit diesen Zeugen den Prozeß gegen ihn. Tiberius, der Rom schon verlassen hatte, verurteilte ihn dann gemeinsam mit seiner Mutter von Capri aus schriftlich.

Aufschlußreich für die Arbeitsweise verworfener Seelen scheint mir die Begründung, die Tiberius für die Verbannung der älteren Agrippina nach der Insel Pandateria, die Neros nach der Insel Pontia angab. Es ist gewiß eine Schande, aber durchaus kein Geheimnis, daß Tiberius die zweite Hälfte seiner Amtszeit als römischer Kaiser auf Capri verbrachte, um dort ungestört seinen sexuellen Perversionen frönen zu können. Er besaß das Geld, die Macht und erstaunlicherweise in seinem vorgeschrittenen Alter auch noch die Manneskraft, alles, was seine nach der schmutzigen Seite hin galoppierende und weiter angespornte Phantasie ihm eingab, in die Tat umzusetzen. Die Zahl der Mädchen und Knaben, die sich mit ihrem Schließmuskel die Freiheit erwarben, ist Legion, wie auch die ihrer weniger glücklichen Schicksalsgenossinnen und -genossen, die den kleinsten Mangel an Willfährigkeit oder eine schlechte Laune des Princeps mit ihrem jungen, gerade erblühenden Leben bezahlten.

Die Schriftsteller, die sich mit dieser Epoche befassen, heben sich in der Regel viel Papyros auf für die sehr detaillierte Schilderung des kaiserlichen Alltags auf der Insel Capri. Ich erwähne diese Lebensweise nur, weil mir bemerkenswert erscheint, daß der Princeps von dort weder Agrippina die Ältere noch ihren Sohn Nero für die Schmähungen seiner Person, die Seianus so emsig zusammengetragen, zur Rechenschaft zog. Er verdammte und verbannte sie der Verstöße gegen die Sittengesetze wegen, die nirgends stattgefunden hatten als in seinem erkrankten Hirn, das mit jedem Tag kränker und menschenunähnlicher zu machen die gesamte Anstrengung seiner hohen Reifezeit war.

Nero verhungerte an seinem Verbannungsort Pontia. Drusus wurde von Seianus auf schriftlichen Befehl von Capri in einem Keller des Palasts auf dem Palatin eingekerkert. Drusus vegetierte noch drei Jahre angekettet in der Finsternis, bis man auch ihn, der zuletzt die Füllung seiner Matratze aufgegessen hatte, verhungert in seinem Verlies fand. Agrippina die Ältere bewies noch einmal die Statur ihres Charakters, weil sie anders als ihre Söhne in die Freiheit entkam, indem sie es verschmähte, den Fraß, den man ihr bot, zu verspeisen, und solcherart vom eigenen Willen geführt den Tod herbeiholte.

Wenn Agrippina in ihren Lebenserinnerungen ihren Brüdern Nero und Drusus kaum mehr Aufmerksamkeit schenkte, als ich es hier tat, so hängt dies bestimmt damit zusammen, daß sie sich für sie schämte. Sie hatten sich als weniger mannhaft gezeigt als ihre Mutter, hatten sich als unfähig erwiesen, der über sie verhängten Schmach zu trotzen und ihr durch einen letzten kraftvollen Willensakt zu entfliehen. Die Art ihres Sterbens hatte bewiesen, daß weder Nero noch Drusus für ein Leben in dem Amt, nach dem sie strebten, die Eignung besaß.

Agrippinas posthume Verachtung für sie führte dazu, daß sie bei ihrer ausschweifenden Phantasie von der asiatisch-ägyptischen Reise zwar immer wieder Abenteuer und Aussprüche Caligulas anführt, der mit ihr in Rom bei der Großmutter geblieben war, Nero und Drusus hingegen, die tatsächlich ihre Eltern begleitet haben, so behandelt, als hätte man diese anstelle der Jüngeren zu Hause gelassen. Weil es aber in der Wirklichkeit andersherum gewesen ist, kannte sie die älteren Brüder fast nicht und fand, als sie diese aufzuzeichnen versuchte, auch keine Erinnerung an die beiden vor. Ganz ohne Einfluß auf das Gemüt und den Charakter des heranwachsenden Mädchens kann es aber meines Erachtens nicht gewesen sein, wenn der eine Bruder auf einer einsamen Insel, der andere gar irgendwo in dem Palast, in dem sie ein und aus ging, schmachtete und langsam zu Tode gequält wurde.

Übrigens wurde sie durch die Handlungsweise des Tiberius nicht nur vom Vater, von der Mutter, von den älteren Brüdern getrennt. Sie wurde schließlich auch von Caligula losgerissen, dem sie so inniglich anhing. Tiberius, den ja seine als Feldherr errungenen Meriten zur Macht geführt hatten, erkannte in dem Jungen sein Ebenbild wieder. Als Tiberius Rom und das Imperium an Seianus abtrat, um fürderhin den Bezirk seiner unmittelbaren Herrschaft auf jenen Felsen zu beschränken, der vor der Bucht von Neapel aus dem Meer herausragt, durfte Caligula ihn nach Capri begleiten.

Nero, gerade streift mich wieder der Gedanke, der mich in den vergangenen Tagen schon so häufig berührt hat. Ob du nicht ungeahnten Nutzen daraus ziehen wirst, wenn dein Centurio seinen Auftrag so sträflich verbummelt? Von wem als von mir solltest du jetzt noch erfahren, daß bestimmte Techniken des Liebesspiels, in die deine Mutter mich einwies, als sie mich ihren »spanischen Stier« zu nennen pflegte, in ihrem Ursprung auf jene absonderlichen Forschungen zurückgehen, die Tiberius auf seiner in ein riesiges Bordell verwandelten Insel betrieb?

Agrippina jedenfalls kannte jene Praktiken, auf deren Besonderheit es jetzt nicht ankommt, von Caligula, der seine Schwestern zu Bettgenossinnen erwählte, weit ehe er von Tiberius das Principat erbte. Caligula wieder hatte sich jene Methoden, die Lust zu kitzeln, der Geilheit Würznoten zu leihen, die dem gewöhnlichen Sterblichen unentdeckt bleiben, im Unterricht bei Tiberius zu eigen gemacht. Tiberius hatte seine helle Freude an diesem über jedes Maß gelehrigen und eifrigen Schüler, der jederzeit gerne dazu bereit war, den Verstockten und Begriffsstutzigen auf den Bänken um ihn herum vorzumachen, was der Kaiser sich von ihnen wünschte.

Aber nicht nur in dem erklärten Hauptfach glänzte Caligula bei seinem Lehrer. Auch in der Verstellungskunst erwarb er sich, obwohl er hier »nur« Tiberius, nicht die auf diesem Gebiete wesentlich talentiertere eigene Mutter zum Vorbilde hatte, früh das Rüstzeug, das nötig war, um später auf dem Thron bestehen zu können. Caligula verkannte nicht, daß Tiberius ihn prüfte, wenn er seinen kindlichen Rat erbat, als es darum ging, die Mutter und die erwachsenen Brüder zugrunde zu richten. Wie milde mußte Tiberius vor sich selber erscheinen, als er von seinem Zögling hörte, daß, je näher die Verwandtschaft, desto unangebrachter Gefühlsduselei und Rührseligkeit seien? Von seinem letzten Zweifel, Caligulas Genie angehend, wurde Tiberius befreit, als der ihm erklärte, wie Seianus, nachdem er seine Schuldigkeit getan, nicht nur für Tiberius, sondern auch schon für Caligula das Feld von allen in Frage kommenden Prätendenten geräumt hatte, nach der Unterwelt verschifft werden könnte. Tatsächlich folgte der Princeps bei Sturz und Tötung des Seianus den Hinweisen, die er von Caligula hatte.

Der künftige Tyrann war indessen nicht gar so konsequent, wie er tönte. Von seiner Schwester Agrippina nämlich sprach er Tiberius nie anders als mit brüderlicher Wärme, mit Bewunderung zu einem Grade, und er erweichte den Princeps damit solchermaßen, daß dieser Agrippina nicht nur ausnahm von allem, was er sonst Germanicus' Sippe zu leiden aufgab, sondern sie sogar auf eine Weise verheiratete, die ihre etwaige Nachkommenschaft in die innerste Achse der Erb- und Thronfolge rückte.

VII

Ganz recht, Nero, es kommt die Rede jetzt auf deinen Vater, Gnaeus Domitius Ahenobarbus. Agrippina wurde dreizehnjährig unter dem Consulat des Iunius Silvanus und des Silius Nerva mit ihm verheiratet.

Agrippina wurde verehelicht durch Tiberius mit dem späteren Vater des Nero. So finde ich es gleichlautend in allen Quellen, die ich heranziehen konnte, und vielleicht weißt du deinem Centurio eine Belohnung für seinen Schlendrian, der mir auch noch Zeit gelassen hat, dich und den Rest der Nachwelt von dem zwiefachen Irrtum zu befreien, der in dieser Aussage steckt. Nicht Tiberius hat die Ehe gestiftet, und Ahenobarbus war nicht dein Vater.

Ahenobarbus war ein Neffe von Agrippinas Großmutter Antonia, und letztere diejenige, die diese Verbindung angebahnt hat, die Tiberius dann nur noch absegnen mußte. So kommt es, daß du, Nero, von väterlicher Seite ein Urenkel, von der mütterlichen ein Ururenkel von Antonius und Octavia, der Schwester des Augustus, bist. Aber das Verb muß in den Konjunktiv gesetzt werden, du wärest es, wäre Ahenobarbus, wie du selbst es glaubst, wie es die Allgemeinheit mit unseren Geschichtsschreibern für zutreffend hält, dein leiblicher Vater.

Ahenobarbus war weder ein gefühlvoller Gatte noch sonst ein liebenswürdiger Zeitgenosse. Die Dreizehnjährige, die ihm angetraut wurde, durfte sich zärtliche Fürsorge von ihm sowenig erwarten wie Respekt, denn ihren Mangel an Weiblichkeit und Reife wog ihre hochkaiserliche Abstammung in dessen Augen keineswegs auf. Er durfte sich im Stolz auf seine Vorfahren Agrippina so gut wie ebenbürtig fühlen.

Trotzdem war Agrippina überaus glücklich, Ahenobarbus ihren Mann nennen zu dürfen. Ihr Sohn würde durch die Vereinigung dieser edelsten Linien von einem jeden konkurrierenden Anspruch ausstechenden Blut sein. Sie mußte ihn bloß noch empfangen, ihn unter ihrem Herzen nähren und ihn gebären. Außerdem war ihr Gemahl nicht nur der Angehörige einer Sippe, in der es von Consuln nur so wimmelte, er war auch sehr, sehr reich. Seine Besitzungen erstreckten sich über ganz Italien und waren auch in den afrikanischen Provinzen mehr als beträchtlich.

Ahenobarbus war zum Zeitpunkt ihrer Vermählung mit seinen 28 Jahren zwar noch ein junger Mann, aber trotzdem schon doppelt so alt wie Agrippina. Es bestand von daher wenig Aussicht, ihn je unter die Fuchtel zu bekommen, dafür wußte sie von ihrer Mutter, wie man einen Gatten, ohne Verdacht auf sich zu lenken, in dem für die selbständige Verfolgung der weitergehenden Perspektiven günstigsten Moment loswerden kann.

Natürlich verzichtete Caligula, der auf Capri weiter Tiberius nacheiferte und ihn dabei umgarnte, nicht darauf, sich immer wieder mit Hinweisen auf sein Geblüt zu brüsten, das ihn so nachdrücklich als Thronfolger empfahl. Das war für Tiberius auch ein wenig kränkend, und deswegen zeigte er Caligula mit Vorliebe den schwächsten Zweig in diesem Stammbaum auf.

»Du bist ein Enkel des Agrippa«, sagte er dann zu ihm, »deine Mutter war die Tochter eines Emporkömmlings. Der Enkel eines Straßenköters bleibt ein Straßenköter, auch wenn sich etwas edleres Blut hineingemischt hat.«

Das leuchtete Caligula ein, doch schon bald kam er darauf, wie er den minderwertigen Agrippa aus seiner Ahnenreihe ausstoßen konnte.

»Ich bin nicht der Enkel des Agrippa«, hielt er Tiberius entgegen. »Meine Mutter ist das Produkt eines heiligen Inzests gewesen. Der vergöttlichte Augustus selbst hat sie mit seiner Tochter Iulia gezeugt.«

Tiberius gefiel die Idee, und er sank über mehrere Tage in eine schwere Depression, denn es reute ihn schmerzlich, selbst keine Tochter gezeugt zu haben, mit der er das Beispiel des Vergöttlichten hätte nachahmen können. Auch schalt er Caligula, daß er ihn nicht früher aufgeklärt hatte. Er hätte doch Agrippina die Ältere sofort zurückgeholt von der

Insel, ja, sie gar nicht erst dorthin verbannt, wäre er nur beizeiten im Bilde gewesen, in ihr als Tochter des vergöttlichten Augustus eine Stiefschwester zu besitzen.

Das Thema wurde immer beherrschender in den Gesprächen, die Tiberius mit seinem Zögling Caligula führte. Die Zeugung der älteren Agrippina durch den vergöttlichten Augustus im Inzest mit seiner Tochter Iulia, zuerst von Caligula nur in die Debatte geworfen, um sich nicht länger für Agrippa schämen zu müssen, setzte sich dabei mehr und mehr als eine unumstößliche Tatsache fest. Tiberius verzichtete aber darauf, die Annalen umschreiben zu lassen, wie es der Heißsporn Caligula von ihm verlangte.

Tiberius fand sich mit Caligula einig darin, daß es, sollte den Nachkommen des vergöttlichten Augustus die Herrschaft über die Welt bis zu deren Ende gesichert werden, richtiger und konsequenter sein würde, nicht wie bisher Cousins und Cousinen, sondern Vater und Tochter, Bruder und Schwester und – warum nicht? – auch Mutter und Sohn im ehelichen Bett zusammenzuführen. Man käme damit lediglich auf ein Prinzip zurück, das schon den Pharaonen Ägyptens eine bis dahin unvergleichliche Macht beschert hatte und darüber hinaus einen Grad von Göttlichkeit, hinter welchem derjenige des Augustus spürbar zurückblieb.

Darüber könne man sich, so, unter vier Augen, schon einig sein, ganz ohne Zweifel, es sei aber dennoch wenig dazu geeignet, dem römischen Volk in seiner derzeitigen Verfassung unter die Nase gerieben zu werden.

»Solange in Rom noch eine Erinnerung an die Republik lebt«, setzte Tiberius Caligula auseinander, »solange die Nennung der Namen Brutus und Cassius noch Assoziationen wachruft, wird es besser sein, jene Regeln, die wir für die Fortpflanzung von Augustus' Samen aufstellen wollen, mit dem Schleier des Geheimnisses zu umhüllen.« (Es lag noch nicht sehr weit zurück, daß Cremutius Cordo angeklagt worden war, weil er in einem von ihm herausgegebenen Geschichtswerk Brutus gelobt und Cassius den letzten Römer genannt hatte.) »Es wird sich auf die Dauer ganz von alleine so einrichten«, fuhr Tiberius fort, »daß dasselbe Gesetz dasjenige, was es dem Volk unter Androhung höchster Strafen verbietet, von den göttlichen Herrschern geradeheraus fordert.«

Caligula hatte richtig verstanden. Es war die Ehe unter Geschwistern, die Tiberius als Lebensform künftiger römischer Kaiser und Kaiserinnen vorschwebte.

»Nein, Caligula, es war vollkommen in seiner Ordnung«, wies Tiberius den Einwand des Jünglings zurück, »daß ich auf Wunsch und Rat Antonias Agrippina mit Ahenobarbus verheiratet habe. Das hält ja aber dich nicht davon ab, deinen Nachfolger mit deiner Schwester zu zeugen.«

Da man sich auf Capri befand, wo die Verletzung

der Sitte zur Sitte erhoben war, verstand es sich beinahe von selbst, daß dies unter den wohlwollenden, geil beteiligten Augen des Princeps stattzufinden hatte. Ahenobarbus dachte sich wenig dabei, als Agrippina ihn bat, auf einige Tage ihren beim Kaiser weilenden Bruder besuchen zu dürfen …

Ja, mein lieber Nero, die Vergöttlichung der Agrippina, die du dir von mir gewünscht hast, nimmt nun doch einen etwas anderen Weg als den, der uns im Sinn lag, da wir das Projekt miteinander besprachen. Es mag dich erschrecken, wenn du hier liest, wer in Wahrheit dein Vater gewesen ist. Es wird dir aber, sobald du dich gewöhnt haben wirst an den Gedanken, helfen, deine Mutter, dich selbst zu verstehen.

Es ist ein gefährliches Wissen gewesen, solange Agrippina noch lebte. Nach ihrem Tod hätte ich dich ohne Furcht einweihen können. Es darf nicht mein Interesse sein, und es ist auch nicht mein Interesse, Agrippina für Fehler, die ich begangen habe, die Schuld anzulasten. Sie war es, die mich in die innerste Sphäre der Macht gelockt hat. Ich habe es versäumt, mich ihrem Ruf zu widersetzen.

Es ist beinahe unmöglich, dort, wo Entscheidungen fallen, die Millionen von Menschen betreffen, das Banner der Stoa aufrecht zu halten. Das mindert vielleicht den Grad meines Versagens. Es bleibt immerhin ein Versagen. Ich habe Kenntnis genommen von Dingen, von denen ich lieber nichts gewußt hätte. Die Seele ist das grundsätzliche Andere vom

Körper, ich bin hier immer Plato gefolgt. Trotzdem darf ich nicht leugnen, daß sie in manchem seine Arbeitsweise kopiert.

Die Natur hat unseren Leib so geschaffen, daß er das, was ihm schadet, von sich abzustoßen versucht. Es ist eine Kunst, ihn zu vergiften. Die Seele macht es bisweilen ganz ähnlich. Wir wissen bestimmte Dinge, und da wir gleichzeitig wissen, daß es nicht gut für uns ist, sie zu wissen, halten wir sie nicht nur vor den anderen, sondern auch vor uns selber verborgen. Daß wir es schaffen, unsere Freunde, unsere Frauen, unsere Geschwister, unsere Eltern, unsere Kinder an der Nase herumzuführen, ist im Grunde erstaunlich, viel erstaunlicher aber doch, wie oft es uns gelingt, uns selbst zu betrügen.

Schlimmer, unangenehmer, schädlicher als vollständige Unwissenheit können halbe Wahrheiten sein. Da ich annehmen soll, daß dein Centurio, den wir inzwischen beinahe mit Sehnsucht erwarten, heute abend endlich den Weg zu uns herauffindet, will ich eilen, wenigstens das unmittelbar Zugehörige noch niederzuschreiben.

Das Vergnügen, welches Tiberius in der von ihm ins Leben gerufenen capresischen Kaiserfabrik bereitet wurde, übertraf seine Erwartung. »Treiben sollen hätte ich es mit eurer Mutter«, rief er aus, als er Agrippina und Caligula, vor Freude strahlend und im Eifer mitstöhnend, zusah, »statt sie nach diesem trostlosen Eiland zu schicken! Das kann nur ein Monstrum werden, was da herauskommen muß, vor dem wir beide, Caligula, als sanfte Lämmer erscheinen!«

Kaum war Agrippina im sicheren Gefühl, von ihrem Bruder geschwängert worden zu sein, abgereist, da fiel Caligula ein, daß sie ja durchaus nicht seine einzige Schwester war.

»Der Vorrat an Thronfolgern kann niemals ausreichend sein«, pflichtete ihm Tiberius bei, »schon weil man so viele davon umbringen muß.«

Also wurden auch Caligulas jüngere Schwestern Drusilla und Livilla nach Capri geladen. Livilla hatte kaum die Geschlechtsreife erreicht und wurde von ihrem Bruder entjungfert. Bei Drusilla war das nicht mehr vonnöten, sie hatte bei verschiedenen Rittern bereits recht anwendbare Erfahrungen gesammelt. Caligula war hellauf begeistert von ihr und der Kaiser kaum sparsamer mit seinem Lob. Allerdings schärfte ihr Caligula ein, Tiberius nicht zu verraten, daß er sie, sobald der Alte seinen Platz frei gemacht haben würde, heiraten wollte.

Auf Capri konnte sie ihr Plappermaul auch noch halten, aber schon am Tag ihrer Rückkehr nach Rom trug sie ihrer Schwester brühwarm die Neuigkeit auf. Agrippina zankte erst gar nicht mit ihr. Sie ging in Ostia an Bord eines der Schiffe, die das Getreide, das die Sklaven des Ahenobarbus im Nilschlamm anbauten, für die allzeit freßlustigen Römer herantransportierten, und befahl den Seeleuten, die Segel zu hissen.

Der Kurs hieß Capri, und weil der Hafen nur ganz kleinen Fischerbooten die Landung erlaubte, setzte sie mit einem beherzten Kopfsprung über die Reling, schwamm zum Ufer und zog sich wie eine reizende Nymphe auf einen Felsen. Ja, Nero, deine Mutter war schon damals eine hervorragende Schwimmerin!

Sie sah Caligula nach, daß er Drusillas Liebeskünste über die ihren gestellt hatte, redete mit ihm über das gemeinsame Kind in ihrem Bauch und über ihr unstillbares Verlangen nach seinem Körper. Das Verlangen nach dem ihrigen fand sich auch auf Caligulas Seite merklich gesteigert durch die Vorstellung, neben der Schwester noch die Mutter des eigenen Sohnes zu begatten. Agrippina ließ es nicht an Einfallsreichtum und Entgegenkommen mangeln, um den ihr gebührenden Vorrang vor der jüngeren Schwester zurückzuerobern.

Es mag merkwürdig klingen in den Ohren von Sterblichen, die Aphrodite niemals in deren heimatlichen Götterbezirk folgten, aber Agrippina und Caligula befielen Scham und schlechtes Gewissen, weil sie es in ihrer Ungeduld miteinander getrieben hatten, ohne auf ihren berechtigten Zeugen und Zuschauer zu warten, der sich zufällig auf der anderen Seite der Insel bei seinem Sterndeuter Thrasyllos aufhielt.

So gerieten sie miteinander über den altersschwachen Kaiser ins Grübeln. Auf die hohe Gunst, in der Caligula bei ihm stand, die Agrippina und neuerdings auch Drusilla einschloß, war kein Verlaß. Eine sichere Voraussage, wie er sich bei Agrippinas Niederkunft verhalten würde, war auch von Thrasyllos, und sei's unter der Folter, nicht zu erpressen. Tiberius' Beliebtheit beim Volk in Rom, wo Macro kaum weniger schändlich und schrecklich, als vor ihm Seianus anstelle des Kaisers regierte, hatte einen neuen Tiefstand erreicht.

Caligula hatte ein Streitgespräch zwischen Tiberius und Macro belauscht, in welchem der Princeps dem Befehlshaber seiner Praetorianer vorwarf, sich von der untergehenden Sonne abzuwenden und bereits mit der aufgehenden zu liebäugeln. Kurzum, es war für Tiberius an der Zeit, aus dem Leben zu scheiden.

Ganz nebenbei war auch die taktisch aufgeschobene Rache für die Morde an Mutter und Brüdern noch zu vollstrecken. Und die für Germanicus, nicht zu vergessen!

Hier lobte Agrippina vor Caligula die verblichene Mutter und dankte ihr herzlich, daß sie ihr mit dem Namen das Geheimnis von Germanicus' Ende und auch die Mischerin des Gifts, durch welches es herbeigeführt war, zum Erbteil gemacht hatte. Eine kolchische Sklavin aus dem Geschlecht der Medea, die Agrippina die Ältere in Antiochia durch diskrete Empfehlung an sich gebracht, die bei der Heimkehr zu ihrem Gefolge gehörte, in Apulien ein Mal, in Calabrien sogar zwei Mal die Urne getragen hatte und jetzt in Rom unter dem Namen Locusta als

Freigelassene ein Leben in beneidenswerter Behaglichkeit führte.

Du hast sie oft genug, manchmal sogar in meinem Beisein, bei dir empfangen. Locusta lebt heute in noch höherem Ansehen, in noch größerer Behaglichkeit als zu jener Zeit, von der ich spreche. Nie hast du versäumt, sie in der übertriebensten Art zu belohnen für die dir geleisteten Dienste, und mehr vielleicht als die zahlreichen Tode, die du mit ihrer Hilfe auf unauffällige Weise bewerkstelligen konntest, dankst du ihr für jene Kur, die dich schon in Kindertagen gegen sämtliche Gifte immun gemacht hat. Die Impfung hatten schon die Kinder der älteren Agrippina von Locusta empfangen, und weil sie mit ihrer Kunst zur Sicherung der Herrschaft über das Imperium eurer Familie mehr zu leisten vermochte als manche Legion, mancher Befehlshaber der Garde, solltest du ihr bald einmal ein Standbild, wenn nicht gar einen Tempel errichten.

Agrippina begab sich nicht in Person zu Locusta, aber sie ließ bei ihr ein Fläschchen besorgen, dessen Inhalt exakt nach dem Rezept hergestellt war, das Germanicus über ein langgestrecktes Siechtum in den Tod geführt hatte. Für Caligula war es ein Kinderspiel, Tiberius, der ja, weil bei ihm die Sucht nach geschlechtlichem Verkehr mit der Trunksucht einherging, in Rom nur noch »Biberius« hieß, das Gebräu genau nach Vorschrift der Locusta in den Rotwein zu träufeln.

Eine zumindest physische Überlegenheit über

seinen Rivalen und Adoptivsohn, der gerade einmal die Dreißig überschritten hatte, als er von Locustas Arznei hinweggerafft wurde, bewies der bereits 78jährige Tiberius noch einmal, weil sein Körper dem mit extremer Langsamkeit arbeitenden Gift einen solchen Widerstand bot, daß Agrippina und Caligula schon glaubten, von der Kolcherin betrogen worden zu sein. Das meiste war aber auch hier wieder Verstellung. Ärzte ließ Tiberius überhaupt nicht an sich heran. Das war Grundsatz bei ihm.

Um seine Gesundheit sorgte er sich schon deswegen nicht, weil Thrasyllos für ihn aus den Sternen gelesen hatte, daß der Kaiser seinen Astrologen überleben würde um zehn Jahre auf Tag und Stunde genau. Krankheiten konnten demnach für Tiberius kein Grund zu ernsthafter Beunruhigung sein, solange sich Thrasyllos seines Lebens erfreute. Allmählich trat aber zu Caligulas Zufriedenheit die Intoxikation doch auch mit Symptomen hervor, und Tiberius mußte seinen ohnedies exorbitanten Weinkonsum noch mehr steigern, um sie überspielen zu können.

Es versteht sich, daß den Kranken jene vorübergehende Lebhaftigkeit, die der Wein zu leihen vermag, noch teurer zu stehen kommt als den Gesunden. Bacchus arbeitete Hand in Hand mit Locusta. Tiberius hätte eher an der Existenz der Götter gezweifelt als an irgendeinem Horoskop, das von Thrasyllos erstellt worden war. Trotzdem muß er irgendwie gespürt haben, daß es mit ihm zu Ende gehen wollte. Die schwindenden Kräfte sollten zu einer letzten großen Anstrengung angespannt werden. Tiberius wollte nach Rom.

Das war ihm, seit er den Römern sein Hinterteil gezeigt und sich auf seiner Insel verbarrikadiert hatte, erst zweimal in den Sinn gekommen. Zuletzt hatte er, auf der Via Appia stehend, das Weichbild der Stadt schon vor Augen, zum Rückzug geblasen. Denkbar ist auch, daß er verschiedene Prozesse, die dort in Erwartung seines nahenden Endes äußerst schleppend geführt wurden, beschleunigen wollte. Vielleicht versprach er sich eine Besserung seines angegriffenen Zustandes davon, der Hinrichtung einiger edler Römerinnen und Römer beiwohnen zu dürfen. Jedenfalls zwang ihn sein dritter Versuch einer Heimkehr nach Rom schon in Misenium zur Rast.

Er legte sich in der Villa des Lucullus ins Bett. Die Säfte der Locusta hatten, nachdem sie über all die Akte, während deren sie mal dieses, mal jenes Organ schwächend, Tiberius und seine Umgebung im unklaren ließen, ob Komödie oder Tragödie gespielt wurde, endlich die Peripetie eingeleitet. Nun schien es, als gedenke Tiberius seiner Agonie noch ein Satyrspiel nachfolgen zu lassen.

Am 16. März unter den Consuln Cn. Acerronius und C. Pontius hatte Caligula, der in seiner letzten Stunde bei Tiberius war, den Stillstand von Kreislauf und Atmung festgestellt und ihm den Ring vom Finger gezogen. Den Ring schon an der eigenen

Hand, trat Caligula zu den Wartenden vor das Sterbezimmer des Princeps. Mit der ganzen vom Hingegangenen erlernten Verstellungskunst verteidigte er seine aufgesetzte Trauermiene gegen die Glückwünsche, mit denen er überschüttet wurde.

Plötzlich erklang, ungewohnt kräftig, hinter der Türe Tiberius' Stimme, die nach Speis und Trank verlangte, der Kaiser benötige dringend etwas zu seiner Stärkung. Caligula mußte seine Bestürzung gar nicht mehr vortäuschen.

»Der Princeps friert!« rief er aus. »Bringt Dekken! Wir müssen ihn wärmen.«

Macro, der aus der Hauptstadt herbeigeeilt war, um bei der Auswechslung der Sonne zugegen zu sein, scheuchte die Sklaven, bis alle im Hause befindlichen Decken herbeigeschafft waren. Gemeinsam mit Caligula trat er dann zu dem vom Tode Erweckten. Sie begruben ihn unter Kissen, drückten mit vereinten Kräften, bis Tiberius endgültig verstummt und erstickt war.

VIII

Man muß einen Scherznamen wie Biberius nur hinschreiben, um selbst dem Trunk zu verfallen.

Wir haben hier oben bei uns einen Brauch, daß wir die Abfälle der Weinernte den Sklaven überlassen, die sich Trester aus ihnen brennen. Mir sind schon Leute zuwider, die wie Tiberius den Wein unverdünnt trinken. Von welchem Barbarenstamm dies Verfahren, ein noch stärkeres Getränk zu erzeugen, bei uns eingeschleppt worden ist, entzieht sich meiner Kenntnis. Sicher müßte selbst Bacchus kotzen, wenn er an dem Zeug nippte, aber wir begehen den Tag seiner Herstellung mit einer Feier, die wir als unsere kleinen Saturnalien bezeichnen.

Ich war durch meine Beschäftigung mit Tiberius und Caligula in einen anderen Kalender verrutscht und wurde gestern von dem fälligen Sklavenklamauk überrascht und ins Gegenwärtige zurückversetzt. Es hat die Sklaven, die also gestern in Verdrehung der Verhältnisse in meinem Haus das Regiment führen durften, nicht viel Überredung gekostet, bis Statius und Crispinus sich ihre Pokale von ihnen mit dem klarem Wasser täuschend ähnelnden Sklavensud füllen ließen.

Nero, du weißt, wie ich es hasse, wenn sich in meiner Gegenwart die Leute betrinken. Aber gestern konnte ich weder Statius noch Crispinus böse sein. Ich habe es nachgerechnet. Es geht jetzt schon vier volle Wochen so, daß wir Abend für Abend hier sitzen und darauf warten, das Beschlossene und Festgesetzte ausführen zu können. Auf den ersten Blick mag es seltsam erscheinen, daß dies ihre Nerven mehr strapaziert als die meinigen. Du mußt aber bedenken, daß ich anders als sie mein Leben schon im jugendlichen Alter unter das Regiment der Stoa gestellt habe. Der Punkt, an welchem es endet, geht mich sowenig an wie der, an dem es eingesetzt hat.

Statius hat sich einen Beruf daraus gemacht, das Leben, wo immer er kann, zu verlängern. Trotzdem oder deswegen empfindet er es als eine Tortur, daß sich mein Tod, bei dem er mir behilflich sein soll und will, ohne meine Schuld oder mein Zutun so ungebührlich verzögert. Crispinus wird wie du von Fieberträumen geplagt. Er nimmt in diesen Geschichten mein Ende vorweg und weiß genau, was meine letzten Worte sein werden. Er hat sie im Traum schon mehrfach mit dem Griffel in seine Wachstafeln geritzt.

Du siehst, wie mich das Ausbleiben deines Centurios inkommodiert, mich geradezu kompromittiert vor meinen Freunden. Wenn du glaubst, mich mit dieser Taktik des Hinhaltens, für die gewisse Feldherren eine solche Vorliebe zeigen, ärgern, quälen, mich, wie man sagt, zermürben zu können, so befindest du dich damit im Irrtum, und ich zeige dir ja Tag für Tag, wie leicht es mir fällt, es zu ertragen. Aber weder beim Leben noch beim Sterben steht der Mensch allein in der Welt. Ich muß doch Rücksicht nehmen auf meine Freunde. Das verlangt der Anstand von mir. Sie wollen doch wohl auch einmal wieder einer Einladung aus einem anderen Hause folgen, einen Abend alleine oder mit ihren Frauen verbringen.

Unsere Unterhaltung beim Essen ist von Tag zu Tag zäher geworden. Ich spüre, welche Kraft es sie kostet, dem, was bevorsteht, aber nicht eintreten will, den Charakter der Beiläufigkeit zu bewahren. So durfte ich den kalendermäßig verordneten Sklavenunfug eigentlich nur begrüßen. Es freute mich zu sehen, wie meine Freunde sich unter der Wirkung des genossenen Fusels entspannten. Weniger glücklich war ich, daß sich auch Paulina, heimlich in der Küche, Sklavengeist hatte einhelfen lassen.

Aber warum sollte ich ihr weniger zugestehen als meinen Freunden, als meinen Sklaven? Sie war zum ersten Mal wieder lustig, seit Epicharis und Piso mit meinem Neffen an unsere Türe geklopft haben und das Unheil seinen unaufhaltsamen Lauf nahm. Sie sang Lieder und tanzte.

Was meine inzwischen sinnlos betrunkenen Sklaven nicht wagten, das wagten meine angeheiterten Freunde im Verbund mit meiner nicht weniger angeheiterten Frau. Sie schimpften mich einen

Trauerkloß und nötigten mich, schamlos Stellen aus den Schriften des Epikur wie aus den meinigen zitierend, mit ihnen zu trinken. Im Wissen um die Zumutung, die es bedeutet, sie nicht allein an meinem Tod, sondern zusätzlich noch an den Martern seiner Verschleppung teilhaben zu lassen, willigte ich schließlich ein.

Ich trank. Zwar nicht von dem Sklavenbrand, aber doch von dem ausgezeichneten Wein, den ich selber anbaue. Es handelte sich sogar bei dem, was ich mir einschenken ließ, um einen ganz besonderen Tropfen. Die Trauben wurden gepflückt und gekeltert unter dem Consulat von Acerronius und Pontius, also im Sterbejahr des Tiberius, dem Jahr der Machterhebung des Caligula im Jahr deiner Geburt. Er mußte mir einfallen, weil ich mir tagsüber schreibend diese Dinge in die Vorstellung gerufen hatte, und das machte die Verführung durch mein Weib und meine Freunde erst möglich. Es befinden sich von diesem Wein noch sechs große Fässer in meinen Kellern, die ich hiermit testamentarisch zu gleichen Teilen Statius und Crispinus vermache.

Ich trank ihn, wie es sich gehört, mit Wasser vermischt, trank nur sehr wenig, gerade so viel, um den anderen zuprosten zu können, aber weil dieser Wein, wie gesagt, wirklich sehr gut ist und ich seit der Zeit meiner Verbannung auf Corsica nie wieder einen Schluck zu mir genommen habe, spürte ich doch eine kräftige Wirkung. Ich will nicht leugnen, daß sie zu Teilen wohltuend war.

Du, guter Nero, bist nicht derjenige, dem ich es erklären müßte, daß der Weingenuß die Zunge löst und auch sonst die Hemmungen lockert, die uns von der Sitte und der Selbstachtung auferlegt werden. Paulina wechselte ohne Übergang von schönstem Gesang in das erbärmlichste Schluchzen und Heulen, um gleich darauf wieder zu jauchzen und zu springen und zu tanzen.

Statius und Crispinus feuerten sie zwar an, ließen sich selbst jedoch nicht zu derlei Albernheiten hinreißen. Dafür begannen sie langsam, aber sicher, über Nero zu meckern.

Hüte dich, wenn du dies gelesen haben wirst, einem von ihnen auch nur ein Haar krümmen zu wollen!

Mich verdrossen diese Reden – nicht weil mich etwa die Beleidigung deiner Majestät schmerzen könnte, sondern weil die Frage, ob die von dir mir zugemessene Strafe sich im Verhältnis zu meiner Schuld in der pisonischen Angelegenheit befindet, für mich völlig bedeutungslos ist. Das versuchte ich, selbst schon alteriert und nicht mehr im Besitz der gewohnten Eloquenz, den in ihrer Aufnahmefähigkeit stark reduzierten Freunden zu verdeutlichen.

»Gut denn«, sagte Crispinus, als ich ihn schließlich dahin gebracht hatte, dem Gang meiner Gedanken zu folgen, »wenn es denn also von Nero nicht grausam sein sollte, Seneca den Tod zu bestimmen, einzig weil er Piso nicht rechtzeitig genug anzeigen konnte, dann ist es unzweifelhaft grausam von ihm, dich endlos zwischen Leben und Tod herumflattern zu lassen.«

Sofort bekam Paulina einen hysterischen Anfall und wälzte sich, Schreie ausstoßend, die ich nie von ihr gehört hatte, am Boden herum. Statius wies in gröbster Weise Crispinus zurecht, nicht weil er Paulinas, weil er meine Gefühle verletzt habe.

Ich denke, die Szene steht dir vor Augen, Nero, und dich wird es wenig erstaunen, wenn ich dir sage, daß von uns vieren ich der einzige war, der sich schämte für das, was geschah. Die Empfindungen der Scham und der Schuld sind, wie ich vermute, weniger von der Natur und mehr durch unsere Gewohnheit miteinander verknüpft, und so begann ich auch schon, meine Lieben um Verzeihung zu bitten, daß ich immer noch am Leben bin. Sofort schlug ihre Stimmung um, sie fühlten sich mißverstanden von mir und mußten sich mächtig zurückhalten, mir daraus nicht gleich den nächsten Vorwurf zu machen.

»Schauen wir einfach«, sagte ich schließlich, »das als Wahrheit an, was der Wein heute aus euch herausgebracht hat. Ich habe es wieder und wieder geschrieben, daß beim Sterben auf den Zeitpunkt gar nichts ankommt, alles dafür auf die Art und Weise, in der es geschieht. Hier in eurem Kreise wünsche ich mir meinen Abschied aus dieser Welt. Wenn ihr wieder nüchtern seid, soll das heißen, und etwas besser wißt, was ihr sagt und tut, als das augenblicklich bei euch der Fall ist. Wenn Nero, der fähig genug war, mir den Tod zu bestimmen, sich unfähig zeigt, dafür auch die Zeit festzusetzen, einigen wir uns eben jetzt und hier gemeinsam darauf.«

Das klang Freunden und Frau, die das Gesöff unvernünftig gemacht hatte, äußerst vernünftig. Nero, hochwürdiger Princeps, das mußt du dir gefallen lassen, wenn du so entscheidungslos bleibst, daß, wie in den Tagen von Freiheit und Republik, Senat und Volk die Dinge an deiner Stelle beschließen. Drei Tage schien uns allen gut bemessen als eine letzte Frist, sogar Paulina hob, als wir abstimmten, die Hand. Allerdings brach sie gleich darauf wieder heulend zusammen.

Wie Statius und Crispinus heute, ausgenüchtert, darüber denken, weiß ich noch nicht. Ich würde jetzt gern dabei bleiben. Du hast Zeit bis übermorgen, deinen Centurio zu schicken. Kommt er dann immer noch nicht, lasse ich Statius meine Adern öffnen, ohne das Urteil empfangen, gelesen und angenommen zu haben.

Ich lege Wert darauf, Nero, daß du das richtig verstehst. Es liegt nicht die Spur einer Auflehnung gegen die Autorität unseres Staates oder gegen dich als dessen Verkörperung darin, wenn wir es so halten. Es sind ausschließlich die praktischen Gründe, wie ich sie dir hier zur Genüge dargelegt habe, die mir raten, in dieser Art zu verfahren.

Du magst bedauern, daß ich mit der Beschreibung des Lebens deiner Mutter nicht zu Ende gekommen bin. Man soll sich aber nicht gegen ein einzelnes literarisches Werk pietätvoller stellen als gegen ein einzelnes menschliches Leben. Zufällig ist, daß es begonnen wurde, zufällig ist, daß es endet. Ob es wesentlich war, hängt nicht an seiner Länge, nur an seiner Tiefe. Es hat, wenn nicht vorher der Centurio kommt, noch ein Heute, ein Morgen und ein Übermorgen. Ich werde fortfahren wie bisher, werde weder hetzen noch bummeln.

Wie, Nero, soll ich dir Caligulas Regierung beschreiben? Sie steht ja für dich in einem anderen Licht, seit du weißt, daß du von ihm, nicht von Ahenobarbus gezeugt worden bist. Ich habe kaum eine Gelegenheit versäumt, die Taten dieses verabscheuungswürdigsten unter deinen Vorgängern zu schmähen und zu verdammen. Es war auch Staatsklugheit, eine heilige Übereinkunft zwischen Agrippina und mir, dich niemals erfahren zu lassen, daß du von Caligula bist.

Tiberius kehrte doch noch einmal nach Rom zurück, als Leiche allerdings, und zwar in dem Trauerzug, der von Caligula angeführt wurde. Er kannte die Strecke, zumindest ab Tarracina, noch gut. Er war sie, wie wir erinnern, neben Claudius hinter Germanicus' Urne gegangen. So unbändig wie damals Trauer und Wut waren jetzt Jubel und Begeisterung, die sie aus der Via Appia umwogten. Caligula erschien dem römischen Volk wie die Sonne nach langer und finsterer Nacht. Die Götter hatten ihre Ohren den Gebeten des römischen Volkes geöffnet. Germanicus war, zwar nicht in der eigenen Person, dafür aber in der seines überlebenden Sohnes, an die Stelle des verhaßten Tiberius getreten. Der Wille des vergöttlichten Augustus hatte sich mit der vielleicht unwesentlichen Abweichung doch noch vollzogen.

Daß in Caligula inzwischen mehr von Tiberius als von Germanicus steckt, hätte ein aufmerksamer Beobachter eigentlich schon aus der Trauerrede heraushören müssen, die der erblühte Kaiser dem Verblichenen hielt. Sie gehört zu dem Bewahrungswürdigsten aus Caligulas gesamter Regierung.

Als Agrippina mir auftrug, für dich den Nekrolog auf Claudius, den sie gerade umgebracht hatte, zu schreiben, habe ich mich in der Konzeption und bei manchen höchst gelungenen Passagen auf dieses kleine und frühe Meisterwerk deines Onkels und Vaters zu stützen vermocht. Caligula war ein begnadeter Rhetor, was, wie ich vielleicht noch zeigen kann, die Sache nicht besser, eher schlimmer gemacht hat.

Du, Nero, warst noch jünger als damals Caligula, als vor dir die Aufgabe stand, durch lebhaft empfundene Trauer den Gedanken eines an dem Betrauerten begangenen Giftmords zu verscheuchen. Es wird dich deswegen nicht kränken, wenn ich feststelle, daß Caligula seine Sache sogar noch besser gemacht hat als du. Sei, wenn dir mein kritisches Urteil dennoch mißfällt, stolz auf deinen Vater.

Besonders geschickt mußte ich, als ich den Text dieser Rede analysierte, finden, wie Caligula immer häufiger den Namen seines Vaters, dann auch den der älteren Agrippina auftauchen ließ, so daß den Zuhörern nicht die unterschwellige Anklage entging. Hätte er es bis dahin getrieben, den eigenen Mord zu bekennen und ihn der Menge als Heldentat zu verkaufen, wäre aus Caligula vielleicht wirklich ein großer Kaiser geworden.

Das Schauspiel fand seine Fortsetzung in der Heimholung der Asche von Mutter und Bruder. Den Schein seiner Pietät vermochte Caligula noch zu verstärken, weil er bei stürmischem Wetter zu den pontischen Inseln aufbrach. Die Rehabilitierung der Mutter, der jetzt gemeinsam mit seiner Großmutter Antonia sämtliche Ehrungen zuteil wurden, die vorher nur Livia gewährt worden waren, war klug. Besonnen muß man es nennen, weil er gleichzeitig die von Tiberius eingeführten Mißbräuche abschaffte.

Die noch laufenden oder anhängigen Prozesse wegen Majestätsbeleidigung wurden niedergeschlagen. Wer solcher Anklagen wegen an seinem Vermögen gelitten hatte, wurde entschädigt. Den Ruf einer außergewöhnlichen Großzügigkeit erwarb Caligula sich vornehmlich dadurch, daß er all die Akten, die gegen seine Mutter und deren Klientel gerichtete Beschuldigungen und Anzeigen enthielten, öffentlich verbrennen ließ. Ohne sie eines Blikkes gewürdigt zu haben, wie er feierlich beteuerte.

Das war gelogen, die ganze Aktion nur ein fauler Trick, der, als er ihn später auffliegen ließ, die Leute nur um so gewaltiger brüskierte.

All das atmete Großzügigkeit, zumal er auch sonst mit Geschenken an die Soldaten, ans Volk keineswegs geizte. Es ist nicht so, daß Caligula von einem wahnhaften Gefühl getrieben worden wäre, vollkommen Neuartiges, nie Dagewesenes kreieren zu müssen. Man erwartete das wirklich von ihm. Ich kann es bezeugen, weil ich diese Zeit sehr bewußt miterlebt habe. Ich erntete eben im Senat meine ersten Meriten.

Caligula ließ sich nicht bitten, er kam mit einem neuen Kult heraus. Die Schwestern wurden verehrt. Man sah sie von Lusitanien bis Syrien, von Gallien bis Ägypten auf Münzen, ausgestattet mit göttlichen Attributen. Man hatte vor Gericht die Eide auf ihre Namen zu leisten. Caligula hatte wahrscheinlich schon im Sinn, dich bei deiner Geburt der Welt als den im heiligen Inzest gezeugten Göttersohn zu präsentieren.

Allerdings war der große Blender selber getäuscht worden von seiner Schwester. Agrippina hatte wieder geblutet, sie war gar nicht schwanger. Nein, Nero, bleib ruhig, ich verwirre dich nicht. Deine Zeugung wurde schleunigst nachgeholt. In den ersten Monaten seiner Regierung, die bekanntlich immer die schwierigsten sind, entspannte sich Caligula allabendlich mit seinen Schwestern, die er um seinen Samen wetteifern ließ. Siegerin blieb Agrippina.

So wurdest du am 15. Dezember jenes Jahres in Antium geboren. Caligula war dort, und er kann nicht sonderlich begeistert von dir gewesen sein, denn er wollte dich »Claudius« nennen. Claudius war aber der erklärte Idiot der Familie, der schon vom vergöttlichten Augustus und von der vergöttlichten Livia ausschließlich mit Spott bedacht worden war.

Deine Geburtsanzeige nannte Ahenobarbus als deinen Vater. Das muß ihn stark verwundert haben, denn Ahenobarbus zählte zu den ganz wenigen Männern, die Agrippina nahegestanden haben, ohne jemals mit ihr zu schlafen. Ich weiß es sowohl von Agrippina als auch von ihm. Diese Abneigung ist mir nie ganz verständlich geworden, es steht aber fest, daß sie beidseitig war.

Nicht weniger beidseitig war die Anziehung, was Agrippina und Caligula anging. Wer die beiden nebeneinander gesehen hat, und möglicherweise bewahrst ja du aus deinen frühesten Kindertagen eine Erinnerung daran, der konnte nicht leugnen, daß Agrippina die weitaus stärkere Persönlichkeit war. Caligula mußte, wenn er für dich die Vaterschaft reklamierte, befürchten, von Agrippina in den Schatten gestellt zu werden. Eine Sonne muß eben stets darauf achten, daß sie niemand verdunkelt.

Drusilla war ihm schon deswegen die Liebere, weil sie gefügiger war. Agrippina hatte ihr im Sommer das Feld geräumt. Sie hatte sich nach Antium zurückgezogen, dort in Ruhe die Niederkunft zu erwarten. Hinzu kam, daß ihr in ihrem Zustand Caligulas Umarmungen nicht mehr notwendig und auch nicht mehr angenehm waren.

Caligula hatte schon auf Capri das Vergnügen an der schlichten Vereinigung eines Mannes mit einer Frau eingebüßt, und er füllte, wie das auch Tiberius gerne getan hatte, die entstandene Lücke mit einem Vertreter des männlichen Geschlechts auf. Zwischen Drusilla und dem Nesthäkchen Livilla nahm Lepidus Agrippinas Platz ein.

Was das Verhältnis von Caligula und Lepidus betrifft, ist, und zwar – man faßt es kaum! – von Männern, die als gelehrt gelten wollen, viel darüber gestritten worden, wer von beiden der Geliebte, wer der Liebhaber war. Das sind Fragen der Forschung, Nero, bei denen du dich, wie ich hoffe, wenn du dies hier gelesen hast, wenn ich also gestorben sein werde, nicht aufhalten willst.

Es ist bekannt, daß Caligula Lepidus mit Drusilla verheiratet hat. Man müßte pervers sein, um es nachvollziehen zu können, aber irgendwie versteht man es doch. Unverständlich bleibt, daß Drusilla bald darauf starb. Mir wäre es lieber, jene Gelehrten, die sich so darum kümmerten, ob Lepidus Caligula Stachel oder Wunde gewesen ist, hätten sich bemüht, ein wenig Licht in das Dunkel um Drusillas Ende zu bringen.

Caligulas Trauer war maßlos. Ein Mann wurde zum Tode verurteilt, weil er während der verordneten Staatstrauer warmes Wasser verkaufte, ein anderer bekam von Caligula eine Million Sesterzen geschenkt, weil er beschwor, Drusilla gesehen zu haben, wie sie zum Himmel aufstieg.

Caligula, nicht mehr zufrieden, als Jupiter angebetet zu werden, hielt sich jetzt ernst und wahrhaftig für den ägyptischen Sonnengott, interessierte sich nur noch für Unternehmungen von übermenschlichem Zuschnitt. Hatte Xerxes einmal Europa und Asien mit einer Brücke verbunden, säumte Caligula nicht, diese Leistung zu überbieten. Doch als er die Schiffsbrücke zwischen Puteoli und Baiae anlegen ließ, bestand sein Ehrgeiz gar nicht darin, in erster Linie dem Perserkönig seinen einzigartigen Ruhm vor der Geschichte zu rauben. Eigentlich war es ein kleines und recht dürftiges Hühnchen, das er mit Thrasyllos zu rupfen gedachte.

Den hatte er einmal im Gespräch mit Tiberius belauscht. Da hatte der windige Astrologe, als habe er den Beweis aus den Sternen gelesen, vor Tiberius behauptet, Caligula werde sowenig Princeps werden wie mit Pferden über die Bucht von Baiae reiten. Thrasyllos, durch Caligulas Amtsübernahme zur Hälfte schon als Scharlatan entlarvt, sollte auch im Rest widerlegt werden. Caligula ritt nicht nur über die Bucht, er fuhr im vierspännigen Wagen über das Meer und schaffte sich damit nicht nur die üblen Prognosen Thrasyllos', sondern die Astrologie insgesamt vom Hals.

Das hatte Bezug auch zu dir und deiner Geburt. Es war bei derselben, ohne daß ihn jemand eingeladen hätte, ein Astrologe anwesend. Der Sohn jenes vielerwähnten Thrasyllos, und er war nicht zum Verlassen der Villa in Antium zu bewegen, ehe er seinen Orakelspruch angebracht hatte. Der klingt so sehr nach Aischylos, daß er ihm nicht erst dort eingefallen sein kann. »Er wird herrschen.« Damit warst du gemeint, Nero. »Aber er wird seine Mutter töten.« Damit warst ebenfalls du gemeint, Nero.

War dieser Thrasyllos nicht wenigstens doppelt so gut wie sein Vater, der erst von Tiberius, dann noch zweimal von Caligula widerlegt worden ist? Zwei Prophezeiungen auf einen Streich, und zuverlässig trafen beide auch ein. Oder war nicht am allerbesten deine Mutter Agrippina, die ganz trocken dazu bemerkte: »Soll er mich töten, wenn er nur herrscht.«

Die Herstellung der Landverbindung zwischen Baiae und Puteoli hatte, wie sich leicht denken läßt, mehr Geld verschlungen als alle vom vergöttlichten Augustus und Tiberius errichteten Tempel und Prunkbauten zusammengenommen. Caligula hatte es fertiggebracht, den von Augustus angehäuften, von Tiberius im großen und ganzen nicht schlecht verwalteten Staatsschatz plus das ererbte Vermögen der kaiserlichen Familie binnen Jahresfrist zu verpulvern. Das wird ihm schwer ein Kaiser nachmachen können, es müßten ihm denn in ununterbrochener Reihe zehn ganz besonders finanztüchtige und ganz besonders sparsame Kaiser vorausgehen, um einen solchen Reichtum überhaupt erst einmal wieder zusammenzubringen.

Caligula hatte Rom in Rekordzeit heruntergebracht, er mußte sich jetzt an Beispiele halten, die es hinaufgebracht hatten. Eroberungen im Norden. Rehabilitierung nicht nur der Mutter, sondern jetzt auch des Vaters. Germanicus hatte Germanien rechts des Rheins erobern wollen, Tiberius hatte es verhindert. Tiberius war tot, Caligula Kaiser, um das Werk des Germanicus zu vollenden.

Natürlich mußte es Caligula, dem auf eine ihm unerklärliche Weise der Glücksfaden gerissen war, reizen, den Ort seines frühkindlichen Ruhmes, die Geburtsstätte Agrippinas, die Siedlung der Ubier wiederzusehen. Es sollte aber, wenn man dem Arminius und seinen Barbaren heimleuchten würde, doch auch lustig zugehen. So war der Zug, den Caligula zusammenstellte, halb militärischer, halb anderer Natur. Schauspieler, Sänger, Musikanten, Gladiatoren, Wagenlenker waren zahlreicher vertreten als geschulte Experten für die Bedienung unserer Kriegsmaschinen, das Kontingent der Huren und Lustknaben überwog das der Legaten und Centurionen.

Man kann sich vorstellen, daß schon der Aufmarsch sich anders gestaltete als seinerzeit der des Diktators Iulius Caesar. Der Feldherr teilte diesmal sein Zelt mit Lepidus, Agrippina, Livilla. Das war alles so unkriegerisch wie ermüdend. Als er mit seiner »Armee« glücklich Moguntiacum erreichte, wollte er die kleine Strecke bis zur nächsten Rheinbrücke gar nicht mehr absolvieren.

Daß Agrippina die beschwerliche Reise mitmachen mußte, ohne den Ort ihrer Geburt wiederzusehen, das hat sie, wie ich von ihr weiß, am meisten gegen ihren Bruder verbittert. Vor allem wollte Caligula von Moguntiacum nicht mehr weiter nach Norden, weil er in Lentulus Gaetulicus, dem Befehlshaber der obergermanischen Legionen, auf einen Mann stieß, der ihn wie kein anderer zu nehmen verstand.

Gaetulicus empfing Caligula und seine Scharen mit einem mehrtägigen Fest, das der Kaiser, wie nur sehr weniges in seinem Leben, als seiner würdig empfand. Gaetulicus hatte aber nicht nur für nie ausgehende Erfrischungen und beständig sich überbietende kulinarische Überraschungen gesorgt, er hielt auch für Caligula einen Feldzugsplan gegen die Germanen bereit, der ihm unbedingt zusagen mußte.

Angehörige seiner germanischen Hilfstruppen hatten sich schon an das gegenüberliegende Rheinufer verfügt und dort mit der angelegten barbarischen Kleidung seit einigen Tagen ein recht barbarisches Wesen angenommen. So konnte Caligula-Jupiter blitzartig den Fluß überqueren und sie ohne langwierige Schlachten, bösartiges Metzeln, vor allem ohne gefährliche Märsche durch Wälder und Sümpfe – Gaetulicus ließ nur ein Mal den Namen Varus fallen und hatte Caligula restlos von seiner Strategie überzeugt – gefangennehmen. Caligula bat sich einzig aus, sein Heer selbst anführen zu dürfen, was Gaetulicus durchaus gefiel, da er den Ausflug des Kaisers zu nutzen gedachte, um mit Lepidus für dessen Beseitigung ungestört die nötigen Verabredungen und Vorbereitungen zu treffen.

Doch, Nero, das war eine Verschwörung, wie ich sie mir gefallen lasse. Lepidus kam als Princeps in Frage, sein Stammbaum war edel genug. Er war capax imperii, wie man das nennt. Er hatte Agrippina und Livilla auf seiner Seite. Sie waren von seinen erotischen Qualitäten ebenso überzeugt wie von seiner Eignung zum Herrscher. Caligula hatte den Staat ruiniert, eine Fortsetzung seiner Capriolen mußte in absehbarer Zukunft den Zerfall des Imperiums nach sich ziehen. Für Agrippina konnte es nur noch um die Person seines Nachfolgers gehen. Sie hatte Lepidus vielleicht sogar gern, jedenfalls hatte sie sein festes Versprechen, nach dem Sturz des Caligula dich zu adoptieren. Agrippina ließ sich um so bereitwilliger auf die Verschwörung ein, als, anders als bei einer Epicharis und einem Piso, mit den vier Legionen des Gaetulicus, zu denen die vier niedergermanischen unter dem Kommando seines Vaters getrost hinzugezählt werden durften, auch Gewaltmittel verfügbar waren, in Rom die Macht zu erobern und zu behaupten.

IX

Diesmal war Caligula noch auf der Hut. Weder das Verhalten des Lepidus noch das des Gaetulicus hatten ihm Mißtrauen eingeflößt. Dabei war er doch mit einer sehr begründeten Voreingenommenheit letzterem gegenüber an den Rhein gekommen. Gaetulicus hatte als Günstling und Anhänger des Seianus gegolten und es nach dessen Sturz und Ermordung versäumt, sich der agrippinischen Partei anzuschließen. Er hatte aber Caligula gleich bei dessen Ankunft einzuwickeln vermocht und hochtönende Lobreden auf Germanicus und die Seinen geschwungen.

Verdacht, daß man etwas Unfreundliches gegen ihn plante, schöpfte Caligula erst, als seine Schwestern sich weigerten, ihn bei der Barbarenjagd zu begleiten. Sie behaupteten steif und fest, sie ängstigten sich vor den Germanen, was natürlich noch lächerlicher war als das Vorhaben an sich. Caligula tat amüsiert. Livilla stotterte etwas vom vergöttlichten Augustus, von den guten alten römischen Sitten, davon, daß der Krieg als eine Sache der Männer zu betrachten sei, in die sich Frauen nicht einmischen dürften. Caligula erinnerte das an Tiberius' Reden gegen die ältere Agrippina, und er wurde so zornig darüber, daß er Livilla mit einer kräftigen Ohrfeige Schweigen gebot.

»Jetzt ziehe ich ganz bestimmt nicht mit in den Krieg«, heulte Livilla, »wenn ich schon im Frieden mißhandelt werde vom eigenen Bruder!«

Agrippina nahm die jüngere Schwester schützend in ihre Arme und zischte Caligula zu, sie gedenke, mit andersgearteten Taten die Bücher der Geschichtsschreiber zu füllen. Wenn es sein Ehrgeiz sei, den Vater mit seinen großen Plänen für die römische Zivilisation noch nach seinem Tode der Lächerlichkeit preiszugeben, so solle er gehen.

Caligula ging tatsächlich, zuerst aus seinem Zelt, nächstentags über den Rhein. Dort ärgerte er sich, daß er Agrippina diese Frechheit hatte durchgehen lassen. Besser wäre es gewesen, sie zu züchtigen, genau wie Livilla. Nach dem Tod der Eltern und der großen Brüder vertrat schließlich er Vater und Mutter bei seinen Schwestern. Wenn er die Zügel weiter so schleifen ließ, käme es am Ende noch dahin, daß die verdorbenen Gören eine Verschwörung gegen ihn anzettelten.

Das war sein Heureka!, und plötzlich fiel ihm auf, wie laienhaft sie ihm ihre Angst vorgespielt hatten. Der nächste Gedanke mußte sein: Et tu Lepide! Von Gaetulicus hatte man es ja immer gewußt. Kurz und gut: Caligula schickte stante pede einen seiner zuverlässigsten Praetorianer, einen notorischen Weiberhasser zudem, an das linke Rheinufer zurück.

Es dauerte nicht lange – Caligula hatte eben damit begonnen, den »Feind« einzukesseln –, da stand sein Kundschafter schon wieder vor ihm. Einen niederschmetternderen Botenbericht hat wohl selten inmitten der Schlacht ein Feldherr entgegengenommen.

Agrippina und Livilla seien mit Lepidus zu Gaetulicus in dessen Stadtvilla gegangen. »Um es dort gehörig miteinander im Rudel zu treiben«, wie der Wachtposten am Tor, der zufällig unter Drusus in Pannonien mit Caligulas Kundschafter in derselben Kohorte gedient hatte, nach Empfang eines Goldstücks mitzuteilen bereit gewesen war.

Caligula brachte die Einkesselung nicht mehr zu Ende. Er befahl den Feinden, sich zu ergeben, gegenseitig zu fesseln, anschließend in die Gefangenschaft abzuführen. Seine Praetorianer benötigte er nämlich jetzt selbst auf der anderen Seite. Nur gut, daß die Brücke schon da war und nicht mehr gebaut werden mußte. Er ertappte die Verräter in eindeutiger Situation.

Lepidus und Gaetulicus wurden an Ort und Stelle gerichtet. Caligula schaute, wie in Rom im Theater zwischen den Schwestern sitzend, zu, wie der Centurio sie köpfte.

»Ihr seht, meine geliebten Schwestern«, wandte er sich dann ihnen zu, »daß ich Schwerter habe. Aber weil ich kein Unmensch bin und weil ich an eure Besserung glaube, habe ich für euch vorläufig Inseln.«

Agrippina und Livilla wurden nach den Inseln verbannt, auf denen schon ihre Mutter und ihr Bruder das Leben beendet hatten. Anschließend durfte der Senat in Rom sie zu Feinden des Staates erklären und die Urteile fällen, die schon vollstreckt waren.

Um Agrippina klarzumachen, daß er sie für die eigentliche Urheberin des gegen ihn geplanten Verbrechens und damit indirekt für die Mörderin des im Grunde gutmütigen Lepidus hielt und daß sie in ihm vorläufig noch einen Meister besaß, erging die kaiserliche Verfügung, sie habe die Urne mit der Asche ihres Geliebten eigenhändig in die ferne Heimat zurückzutragen.

»War nicht dein Vorwurf«, kommentierte er das, »ich machte mich zum Zerrbild des Vaters? Also gehört es sich doch, daß du vor dem römischen Volk als die Karikatur unserer Mutter erscheinst.«

Dieser feine Sinn für die Demütigung gehört zu den wenigen Dingen, die ich an Caligula wirklich erstaunlich und bemerkenswert finde. Noch erstaunlicher aber will es mir, wenn ich es heute bedenke, erscheinen, daß ihm Agrippina gehorchte. Ich habe dafür nur eine Erklärung. Caligula muß sie eingeschüchtert haben wie sonst niemand und nichts in ihrem Leben, als er sie zwang, der Hinrichtung ihres Lepidus beizuwohnen.

Man fragt sich natürlich auch, warum Caligula nicht gleich Tabula rasa gemacht hat und auch seinen Schwestern die Köpfe abschlagen ließ. Hier ist die Erklärung sehr einfach. Sie hat genau zwei Buchstaben, die da lauten: Du. Du solltest ihm, Sternguckerei hin, Sternguckerei her, folgen als Princeps. Caligula konnte vielleicht noch wie Tiberius die Mutter seines Erben, aber er konnte nicht die Mutter seines Sohnes erwürgen. Klein, wie du warst, hast du damals Agrippina das Leben gerettet. Sollte dir das nicht Quell des Trostes sein dürfen dafür, daß du später wie der Held in der Tragödie die Prophezeiung wahr machen mußtest?

Wen, Nero, wollen wir lieber begleiten? Agrippina in ihr Exil oder Caligula bei der Fortsetzung seines Krieges gegen die Völker des Nordens? Ich weiß deine Antwort, ich höre sie förmlich. Was wäre von Pontia zu berichten außer Langeweile und Pein? Was könnte dich, nachdem ich dir eröffnet habe, in welchem Verhältnis du wirklich zu Caligula stehst, brennender interessieren, als unter dem neuen Aspekt seine Regierung abermals zu betrachten?

Lassen wir also Agrippina mit der Urne von den Gefangenen, die Caligula rechts des Rheins gemacht oder, genauer gesagt, die sich untereinander selbst zu solchen gemacht hatten, den Strom hinaufrudern. Wir winken ihr vom Flottenkastell zu Moguntiacum hinterher, Tränen des Abschieds im Auge, aber nicht zu viele Tränen, denn wir wissen ja: Es ist kein Abschied auf ewig.

Caligula konnte sich beglückwünschen. Der Senat würde ihm für seinen Sieg gegen die Germanen den Imperatorentitel verleihen und ihm bei der Rückkehr einen großen Triumph genehmigen müssen. Er hatte die heimtückischste Verschwörung aufgedeckt und zerschlagen. Es schüttelte ihn bei dem Gedanken, daß er Nacht für Nacht mit den Verschwörern das Lager und die Freuden der Liebe geteilt hatte. Welcher Verlust aber auch, wenn er Gegenwart und Zukunft seiner so gearteten Freuden besah! Weitere Schwestern, die loyal gewesen wären, besaß er ja nicht. Von den verschiedenen Ehen, die Caligula schloß und bald darauf wieder löste, spreche ich nicht. Sie verdienen nicht diesen Namen.

Um nicht melancholisch zu werden, bemühte Caligula sich, die Angelegenheit von ihrer positiven Seite zu sehen. Sein hellsichtiger und konsequenter Umgang mit dem Verbrechen würde seine abschrekkende Wirkung auf alle, die noch mit dem Brutusdolch unter der Toga herumstrolchten, gewiß nicht verfehlen. Außerdem war er jetzt berechtigt, was heißt, er war verpflichtet, das Vermögen der verurteilten Schwestern an sich zu nehmen. Im Fall von Agrippina handelte es sich dabei, weil er nach Caligulas Auslegung den ahenobarbischen einschloß, um einen Besitz, der sogar für seine Verhältnisse bedeutend genannt werden durfte. Es ging jetzt darum, ihn auf dem schnellsten Weg zu veräußern, damit die so gewonnenen Sesterzen für die Eroberung Britanniens eingesetzt werden konnten.

Die am Niederrhein stationierten Legionen wollte Caligula dafür lieber nicht verwenden. Ihr

Befehlshaber sollte erst einmal das Schicksal seines Sohnes verkraften. Deswegen war der Weg über Gallien zu wählen. In Lugdunum war immer noch Geld, sehr viel Geld, und spätestens seit der kostspieligen Kutschfahrt über das Meer hatte Caligula mit zunehmender Intensität darüber nachzudenken begonnen, auf welche Art und Weise er es wohl an sich bringen konnte.

»Agrippina«, sagte Caligula jetzt zu sich selbst, »ich bedaure, daß du fortan auf deinem unwirtlichen Felsen schmorst und verdorrst. Ich bedaure es um deinetwillen, und ich bedaure es – erfahre es nur! – um meinetwillen mindestens ebensosehr. Schau nur in dein Herz, wenn du zu wissen verlangst, wen du für diese traurige Wendung in deinem Geschick anklagen mußt. Wolltest mit meinem geliebten Lepidus als dem Werkzeug in deiner Hand diese heimtückische Mordtat an mir begehen! Und wie gnädig habe dagegen ich mich erwiesen! War es nicht schon so, als ich in meinem ersten Stiefelchen, das eigens für mich geschmiedete Kinderschwert in der Hand, bei den Ubiern deine Wiege bewachte? Was immer du dir ausgedacht hast gegen mich, es hat doch am Ende nur immer wieder mir zu meinem Vorteil gereicht. So ist es auch jetzt. Ich brauche nichts dringender als Geld, jede Menge Geld, und du beschenkst mich damit.

Du wolltest mich vernichten und hast mich genau dadurch gerettet. Dir danke ich die Eingebung, die mich in dieser Sekunde erleuchtet. Endlich weiß ich, wie ich dem reichen Gesindel in Lugdunum die Schlösser seiner Goldtruhen knacke. Ich werde in Lugdunum nicht nur deine Ländereien, deine Villen, deine Sklaven versteigern, es kommt jedes einzelne Stück deines Hausrats unter den Hammer. Und damit nicht genug. Wir werden auch auf Capri aufräumen und den ganzen Krempel nach Lugdunum karren. Und weiter: Ich will – und zwar in Person, darauf kommt es hauptsächlich an! – jede Toga des vergöttlichten Augustus, jede Spange der vergöttlichten Livia einzeln versteigern.

Es soll mich wundern, brächte ich mit dieser Auktion nicht ein Sümmchen zusammen, das mir erlaubt, von Gallien eine neue Brücke über den Ocean nach Britannien zu bauen. Puteoli-Baiae, das war erst die Probe. Jetzt lernt ihr Caligula kennen!«

Stört es dich, Nero, wenn ich mich so in das Hirn versetze, das von beinahe allen Autoren, die sich mit ihm befaßten, krank genannt wurde und in dem du dich doch schon von Natur soviel besser zurechtfinden müßtest als ich? Du, der du so viel Wert darauf legst, als der größte Kitharöde aller Zeiten zu gelten, stimmst du mir bei, wenn ich sage, daß Caligula als Komöde ein Platz neben Aristophanes, vielleicht sogar vor ihm gebührt?

Das Resultat brachte ihm Beute, als hätte er wirklich die Germanen bis zur Elbe unter unsere Adler gezwungen. Allerdings stürzte er mit dieser Auktion sein Heer in geradezu varushafte Gefahr. Aus dem Train, der den Nachschub an Lebensmitteln besorgte, wurde alles, was Räder unter sich hatte, eingesetzt, um Sandalen des Tiberius, Rasiermesser des Germanicus, Spiegelchen, die ein Leben lang das holde Antlitz der vergöttlichten Livia geschaut, ein Brustpanzer des Drusus, an dem noch Germanenblut klebte, et cetera perge, perge nach Gallien zu karren, so daß nicht eine einzige unserer Feldbäckereien über die Alpen gelangte und die Mägen der Soldaten sehr hörbar zu knurren begannen.

Erinnerst du dich noch, Nero, wie du die Plebs zum Aufruhr gereizt hast, als während der Hungersnot die Leute schon nach Ostia gelaufen waren, um am Ufer der Ankunft des nächsten ägyptischen Getreidefrachters zu harren, und, als sie an Bord sprangen, entdecken mußten, daß er Sand für deine Arena geladen hatte?

Es wäre Caligula zuzutrauen gewesen, hätte er am Ende der Auktion diese selbst noch einmal, nämlich als Stoff für ein Lustspiel, unter den gallischen Komödiendichtern versteigert. Den erzielten Preis hätte er abermals zu übertreffen vermocht durch den komischen Wert, den seine Ausführung des britannischen Krieges enthält. Man müßte Fachleute befragen, ob der Erlös jener Versteigerung nicht sogar hingereicht hätte, die Brücke über den Ocean zu errichten. Zum Glück für Rom hatte Caligula solche Fachleute damals in Gallien nicht zur Hand.

Als sein Heer an der gallischen Küste versammelt war, teilte er ihm mit, daß er seine Pläne geändert habe, daß sie nicht gegen die Britannier, sondern gegen Neptun kämpfen würden. Man hätte noch heute Grund zum Schmunzeln darüber, hätte Caligula nicht später noch in Rom unter den Senatoren und unter dem Adel als eine Bestie gewütet, deren Blutrünstigkeit einen Tiberius und einen Seianus im nachhinein als zahme Lämmlein dastehen läßt.

Die Geschichtsschreiber erklären Caligula an diesem Punkt seiner Regierung übereinstimmend für endgültig verrückt. Ich bin anderer Meinung. Ich habe, als ich dir die Taten deines Großvaters zur Zeit um die Geburt Agrippinas herum darzustellen versuchte, diejenige unerwähnt gelassen, die seinem Ruhm am abträglichsten gewesen ist.

Rom hat den Schock der Varus-Schlacht bis heute nicht überwunden. Wie bestimmend muß er erst für Germanicus gewesen sein, unter dem Veteranen dienten, die dem Untergang der Legionen in den Tiefen der teutonischen Wälder entronnen waren? Und es war ja nun Germanicus' erklärte Absicht, Varus zu rächen und das Verlorene zurückzuerobern. Es versteht sich von daher, daß er äußerst bedacht war, keinen der begangenen todbringenden Fehler zu wiederholen. Die Strategie, die sich am schärfsten von der Varusschen abhob, mußte für Germanicus die versprechendste sein.

Keine langen Märsche durch Barbarengebiet, das war seine oberste Devise, und deswegen führte er seine Truppen zu Wasser den Rhein bis zu seiner

Mündung hinunter, über den Ocean und dann den Visurgis wieder hinauf. Er ließ für die Meerfahrt auf Tiberius' Kosten eine ganz neue Flotte erbauen. Hin kam sie glücklich, aber auf der Rückfahrt nach mehr oder weniger siegreichem Krieg im Gebiet des Visurgis wurde der Hauptteil dieser Flotte das Opfer eines gewaltigen Sturms.

Mehrere Tausend Soldaten ertranken. Man erwähnt das als Bewunderer des Germanicus und als ein Freund seiner Familie nicht gern. Ich hätte auch lieber darüber geschwiegen. Die geschichtliche Wahrheit verlangt es jetzt aber, weil man sonst nicht versteht, warum Caligula es vorzog, Neptun statt den Britanniern den Krieg zu erklären.

Caligula hatte schon als Stiefelchen bei den Ubiern von den Soldaten, die so gern mit ihm spielten, eine von seiner kindlichen Phantasie sicherlich noch übertriebene Vorstellung vom Ausmaß dieser Katastrophe erhalten, hatte einen schlecht gelaunten, zerknirschten Vater erlebt. In der Tat wurde nichts gefunden, und es wird wohl auch fürderhin nichts gefunden werden, was Germanicus von der Verantwortung für den Tod so vieler guter Soldaten ohne die geringste Einwirkung des Feindes freisprechen könnte.

Wenn es Germanicus nicht selbst dem Knaben Caligula eingeschärft hat, so wird dieser doch bei bestimmten Gelegenheiten die an seine ältren Brüder gerichteten Ermahnungen mit angehört haben, niemals das Leben der Soldaten Neptuns Launenhaftigkeit auszuliefern. Caligula hat sich zeit seines kurzen Lebens einen ausgesprochenen Horror vor Seereisen bewahrt, es durften ja nicht einmal die Auktionsgegenstände über das Meer herangeführt werden. Bei aller ägyptischen Indoktrination durch seine Großmutter Antonia hätte er sich eher in einer Sänfte um das Mittelmeer herumtragen lassen, als die Überfahrt zu wagen, um sich die Pyramiden und den Nil anzuschauen.

Schon die Sache in Puteoli ging aus dem vom Vater ererbten und krankhaft gesteigerten Schuldgefühl hervor, eine halbe Legion ersäuft zu haben. Ob es Caligula so bewußt gewesen ist, wie ich es hier schreibe? Er hätte es seinen Soldaten aber auch dann nicht in dieser Art vortragen können. Er lebte ja, bei den Soldaten mehr noch als beim unbewaffneten Volk, größtenteils von der Reputation seines Vaters. Von daher durfte er froh sein, daß es beim Untergang von Germanicus' Flotte, anders als bei der Varus-Schlacht, keine Überlebenden gegeben hatte, durch deren Erzählungen das Gedächtnis daran konserviert worden wäre.

Sollte Caligula jetzt den Männern den Schandfleck an ihrem verhimmelten Germanicus entblößen? Dann wäre er wirklich verrückt gewesen. Nein, preise die Vernunft des Caligula, der dahin ging, sich für verrückt halten zu lassen, um seine wahren Beweggründe hinter der Maske des Irren zu verbergen.

Wie es keinen Menschen geben kann, der ausschließlich aus Tugend besteht, ist ebensowenig ein solcher vorhanden, der so verworfen wäre, daß sich an ihm bei näherer Untersuchung nicht auch Edelmut fände. So viel Gerechtigkeit möchte ich Caligula widerfahren lassen, daß ich ihm zutraue, schon dort als Stiefelchen mit seinem Kinderschwert Neptun Rache geschworen zu haben für das, was er dem Vater und seinen Soldaten angetan hatte. Daß er sich als Jupiter anbeten ließ, kam ihm in dieser Situation sehr zupaß, denn es mußte ja dem dümmsten wie dem spitzfindigsten Legionär eingängig sein, daß unter den Göttern gelegentlich Zwistigkeiten entstehen, die sie ohne Gewaltanwendung einmal nicht austragen können.

Der Feldherr hielt also die Ansprache nicht als Kaiser, sondern als Jupiter. Kostüm und Requisiten hierfür, wie auch für mindere Götterrollen, die des Apoll oder Merkur etwa, führte Caligula auf diesem Kriegszug stets mit sich. Was genau Neptun den Zorn Jupiters und die jetzt zu vollstreckende Bestrafung zugezogen hatte, setzte Caligula seinen Soldaten nicht auseinander.

Die Schlachtordnung war ungewöhnlich. Die Kohorten standen nicht in Schildkrötenformation, sie waren in einer einzigen Reihe lang, lang über den Strand hingezogen. Hinter ihnen waren die Wurfgeschosse aufgebaut, die Flügel deckte die Kavallerie. Als Caligula die Gefühle der Mannschaften gegen den bösen, hinterhältigen Neptun zur höchsten Wallung aufgereizt hatte, wurde zum Sturmangriff geblasen. Todesmutig stürzten die Soldaten sich in die Brandung und hieben erbarmungslos ein auf die Wellen. Sie achteten aber darauf, nicht zu tief ins Wasser zu gehen, denn über ihnen flogen schon die Langspeere der germanischen Hilfstruppen und die Felsbrocken aus den Schleudermaschinen, von denen jeder ein Volltreffer war und dem Meer schweren Schaden zufügte. An den Flanken brach auf das verabredete Signal die Reiterei hervor und verfolgte die in wilder Flucht befindlichen Wellen.

Wer außer Jupiter hätte es entscheiden können, an welchem Punkt dieser erbitterten Schlacht von Neptun abzulassen war? Man wollte ihn ja nur strafen und nicht auf ewig vernichten. Caligula hob die Hand zum Zeichen, daß man von dem übel zugerichteten Feind ablassen sollte. Ein gut gewählter Moment, wie die Kämpfenden fanden, denn einige von ihnen hatten in dem kalten Wasser schon blaue Lippen bekommen. Gefangene gab es diesmal keine, aber die Ehre Roms verlangte es, daß vor der Siegesfeier noch Beute gemacht wurde.

»Helm ab!« befahl Caligula und forderte einen jeden seiner Legionäre auf, denselben mit Muscheln zu füllen. Die reichliche Beute wurde zu imposanten Haufen zusammengeschüttet, um anschließend nach Rom, wo man sie beim fälligen Triumph dem Volk vorzeigen würde, abtransportiert zu werden. Auf dem Landweg, wie sich versteht.

X

Wie ähnlich und zugleich grundverschieden Geschwister doch sein können! Der wasserscheue Caligula und die Amphibie Agrippina! Besuche und persönliche Nachstellungen von seiten des Kaisers hatte die Verbannte nicht zu gegenwärtigen. Das war besser so, selbst wenn sie beizeiten eine scharfe Sehnsucht nach Caligula plagte.

Peinigender noch als die Trennung vom Bruder mußte für Agrippina natürlich die von ihrem geliebten Söhnchen, von dir, von ihrem süßen Nerolein, sein. Caligula hatte Ahenobarbus so viel gelassen, daß er für deinen Unterhalt und für deine Erziehung aufkommen konnte. Deine Pflege übernahm seine Schwester Domitia. Ahenobarbus selbst hielt sich aus begreiflichen Gründen sehr, sehr still auf seinem etruskischen Landsitz in Pyrgi, wo ihm der neue Besitzer gnädig ein Wohnrecht auf Lebenszeit einräumte. Nun, gar zu gnädig war das auch wieder nicht, denn noch unter Caligula starb Ahenobarbus.

Du protestierst, Nero? Was man dir im Haus deiner Tante angedeihen ließ, sei keine Erziehung gewesen? Da protestiere ich gleich wieder zurück. Es war unbedingt eine Erziehung im Sinne und Geiste deines natürlichen Vaters und regierenden Kaisers. Trug er nicht Sorge, einen zweiten Caligula aus dir zu machen, wenn er deinen ersten Unterricht einem Wagenlenker und einem Frisör anvertraute? Nun, du warst nicht mehr ganz so klein und wirst es in deiner Erinnerung genauer und richtiger haben, als ich es mir hier ausdenken kann.

Aus deinem eigenen Munde weiß ich, daß Domitia sehr lieb zu dir war. Du hast ja immer wieder, wenn du Agrippina verletzen wolltest, Domitias Warmherzigkeit vor ihr gerühmt. Frisör und Wagenlenker, zu denen sich dann noch ein Tänzer gesellte, können dich ebenfalls nicht über die Maßen gequält haben. Du hättest sie sonst wohl kaum, als du Princeps wurdest, auf ihre heutigen Posten gehoben.

Aber zu deiner Mutter, um die es hier schließlich geht. Ich hatte sie vor ihrer Verbannung zwei Mal bei öffentlichen Auftritten gesehen. Das erste Mal aus großer Entfernung, beim zweiten Mal stand ich kaum fünf Schritte vor ihr.

Ich tauge wahrscheinlich nicht zum Richter, was die Schönheit von Frauen betrifft. Ich bin weder Paris noch Petronius, mit dem du dich ja so gerne bei der Beurteilung der verschiedenen Formen und Farben berätst. Doch will ich dir sagen, daß Agrippina die schönste Frau war, die mir begegnet ist in meinem Leben.

Vielleicht kamen ihr in der Tadellosigkeit ihres Körperbaus andere gleich. Messalina wäre zu nennen. Deine Poppea mag von der Natur sogar noch üppiger ausgestattet sein als Agrippina. Für ein Vieh, laß mich das zugeben, mögen Frauen wie Messalina, Poppea, die vergöttlichte Livia nicht zu vergessen, anziehender sein als Agrippina. Der geistige Mensch, behaupte ich, der Mensch also auf dem Niveau, auf welchem der Unterschied des Geschlechts eigentlich gar nicht besteht, wird in der Liebe gelenkt von zwei Dingen: von den Augen und von der Stimme.

Es war bei diesem zweiten Mal, daß Agrippinas Blick auf mich fiel, daß mein Ohr ein paar Sätze auffing, die sie zu Caligula sagte. Ihre Augen von einer blau-grünlichen Färbung, wie sie das Meer vor Kreta manchmal in den frühen Nachmittagsstunden annimmt, schauten mich an, als hätten sie in jenem Bruchteil einer Sekunde, während dessen sie auf mir ruhten, mein ganzes Wesen durchleuchtet. Nein, das ist kein Widerspruch, Nero, Sekundenbruchteile und: ruhen.

Sie hat mich wirklich nur sehr kurz angeschaut, aber in meiner Empfindung war es ein langes, langes Weilen ihres Blicks in meinem Innern, schwer auszuhalten, sehr schwer auszuhalten, wesentlich schwerer beispielsweise als jetzt die Hand des Todes, die du auf meine Schulter gelegt hast.

Ich habe mich, wie du weißt, niemals gescheut, meine eigene äußere Erscheinung als häßlich zu bezeichnen. Ich kann es nur nicht leiden, wenn Leute behaupten, ich sei deswegen und nur deswegen zu einem Philosophen geworden. Es geschieht einem häufig, wenn man wie ich als häßlicher Mann über das Forum spaziert und ein hübsches Mädchen anschaut, daß man von ihm zur Antwort einen Blick geschenkt bekommt, der ungefähr sagt: Wag es! Wage es bloß, du geiles Gespenst! Nicht um alles Geld in der Welt! Man gewöhnt sich nachgerade daran, und es zählt zu den Wirkungen der Gewohnheit, die ich ihr besonders hoch anrechnen möchte, daß sie das Kränkende, das darin liegen soll, löscht.

Wie ganz anders war dieser Blick, den ich mit Agrippina austauschte! Es war der wahre Blick einer Königin, wie er sich nicht vor dem Spiegel einüben läßt. Sie bewertete denjenigen nicht, den sie ansah. Das tat sie nicht einmal, wenn sie über den Sklavenmarkt ging. Ihr Blick war durchdringend, aber nicht bohrend. Er umfaßte einen in diesem Durchdringen zugleich mit einer sehr physischen Kraft.

Du merkst, Nero, wie lebhaft sich dieser Moment, da Agrippina mich zum ersten Mal ansah, in mir erhalten hat über all die seither vergangenen Jahre. Es ging ein Lächeln, viel kürzer als ein Blitz, über ihr Gesicht, und dann nickte sie mir zu, so dezent und flüchtig, daß niemand außer mir, selbst der Scharfsichtigste, es nicht zu bemerken vermocht haben würde, bevor sie sich wieder zu Caligula wandte. Dieses unmerkliche, ganz ausschließlich mir zugedachte Nicken war für mich wie gesprochene Worte: Du also bist dieser Seneca, von dem man neuerdings so viel hört. Ich werde mich deiner Dienste, deiner Person noch versichern, wenn die Zeit dazu kommt.

»Wird Mnester in der Tragödie auftreten können? Oder hast du ihm heute nacht die Backen wieder so weit auseinandergerissen, daß er auf seinen Kothurnen keinen Schritt machen kann? Nun, um so besser. Dann bekommen wir eben wieder eine Pantomime von ihm.« Das war, was sie zu Caligula sprach. Ich war bei weitem nicht der einzige, der es hörte, es standen in dem Gedränge um den Princeps und seine Schwester noch etliche andere Senatoren herum.

Der obszöne Sinn ihrer Worte ging mir damals nicht auf. Ich war unerfahren in der Liebe. Aber wie mich ihre Stimme berauschte! Sie war sehr tief, dabei ungemein weich und doch auch wieder von einer unnachgiebigen Härte. Wenn es etwas bedeuten könnte, würde ich ihr die Farbe Umbra zuordnen.

Ich würde viel darum geben, sie noch einmal hören zu dürfen. Ihre Intonation, ihre Artikulation waren mustergültig, was ich mir zu beurteilen erlaube, da selbst du die Verdienste meines Vaters und seiner Rhetorikschule bei mehreren öffentlichen Anlässen gewürdigt hast. Ich darf mir schmeicheln, bei einem Prozeß Caligula so beeindruckt zu haben, daß er mich dafür umbringen wollte. Agrippina, die mich ja nur vom Namen her kannte, hat es verhindert, weil sie ihm weismachen konnte, ich sei so krank, daß ich allernächtens von allein hinsiechen würde.

Vielleicht lag auch das in ihrem Blick. Ich konnte freilich davon nichts ahnen, sie hat mir erst viel später von Caligulas Neid und ihrer Intervention zu meinen Gunsten erzählt. Mit ihrem Wortschatz, der sich bei Vergil und Horaz so freimütig bediente wie bei den Mundarten der Etrusker und dunkelhäutigen Sklaven, hat sie mich immer wieder verblüfft. Nimm dazu die Kühnheit der Konstruktion, die nicht wenig auf dich abgefärbt hat. Was eine Zeitlang in Rom der Seneca-Stil hieß, enthält nicht wenige Floskeln und Figuren, die ich Agrippina abgelauscht habe.

Es würde mich nicht wundern, wenn sich manche ihrer typischen Wendungen heute im Idiom des Inselvölkchens von Pontia nachweisen ließen. Agrippina hat nämlich in ihrem Exil keineswegs so gelitten, wie es bei mir der Fall wurde, als mich der Bannstrahl von Kaiser Claudius traf.

Die Schwestern sollten nicht gemeinsam auf einer Insel wohnen, das war von Caligula bestimmt. Agrippina besaß das Recht auf die vergleichsweise angenehmere. Was immer die Vorschriften ihrer Bewacher gewesen sein mögen, sie hielten sich nicht lange daran. Da Caligula es ihr unmöglich gemacht hatte, die Gunst ihrer Umgebung mit Gold einzukaufen, wurde sie um so spendabler mit ihren Küssen.

Ich habe sie eine Amphibie genannt, und ich halte dafür, daß diese Beschreibung in einem geradezu zoologischen Sinn zutreffend ist. Wir haben sehr zu unserem Schaden diesen Punkt vernachlässigt, als wir sie mit dem von Anicetus ausgeklügelten Schiffbruch umbringen wollten. Es war von Caligula eigentlich verboten, sie schwimmen zu lassen, aber man gab zu diesem Zeitpunkt in Italien und in den Provinzen nicht mehr sehr viel darauf, was dieser Kaiser verfügte.

Agrippina sprach von einer richtigen, fleischlichen Affäre mit Neptun, und wo wäre der Centurio, der sich erkühnte, mit seiner kleinen, sterblichen Hand dreinzufahren in eine solche Verbindung? Es war gar nicht so übertrieben, was Agrippina behauptete, und es muß dir klingen, als wollte ich den Homer plündern, wenn ich berichte, daß diese Circe sich eine Gruppe von Delphinen zu Freunden gewann. Es läßt sich wohl heute auch nicht mehr beweisen. Agrippina war in einer albernen Laune, als sie mir davon erzählte, und ließ mir durch den Ton, den sie anschlug, die Wahl, ob ich es für bare Münze oder als eine niedliche Erfindung annehmen wollte. Sie sei auf diesen Delphinen geritten, habe wenigstens einmal am Tag mit ihnen das Eiland umkreist und, wenn ihr der Sinn danach stand, auf dem Rücken dieser überaus flinken Schwimmer ihre Schwester Livilla auf deren Insel besucht.

Rom hat eine ruhige Periode durchlebt, solange der Kaiser im Norden mit Germanenfang, dem Aufdecken von Verschwörungen, dem Versteigern von Haushaltsartikeln und der Züchtigung der Meeresgottheit beschäftigt gewesen war. Das änderte sich schlagartig bei Caligulas Rückkehr.

Das einfachste wäre gewesen, die im Krieg gegen Neptun erbeuteten Muscheln bei einer Auktion anzubieten. Die reichen Römer, die an ihrem Leben hingen und denen das Beispiel der Lugdunesier vor Augen stand, hätten gerne für so eine Muschel ein, zwei oder noch mehr Millionen Sesterzen gezahlt. Caligulas Geldgier war von seiner Knappheit so sehr gepeitscht, daß jeder irgendwie sichtbare Besitz zur unmittelbarsten Lebensgefahr wurde. Caligula führte die Methode Tiberius – die systematische Enteignung und Liquidierung des Adels mit Hilfe der Prozesse wegen beleidigter Majestät, die er zur allgemeinen Erleichterung unter so großem Beifall abgeschafft hatte – in verschärfter Form wieder ein. Als vorzügliches Belastungsmaterial zur Begründung Hunderter Todesurteile und zur Konfiskation ebensovieler Vermögen zauberte Caligula die Schriftstücke hervor, in denen sich die Gegnerschaft zu seiner Mutter kundtat. Genau jene Dokumente also, die er zu Beginn seiner Regierung mit theatralischer Geste öffentlich hatte verbrennen lassen.

Als sich einmal im Anschluß an eine dieser Massenhinrichtungen herausstellte, daß ein völlig mittelloser Mann auf die Liste geraten und umgebracht worden war, meinte Caligula: »Was für ein dummer Kerl! Warum hat er mir nicht gesagt, daß er arm ist? Er wäre am Leben geblieben.«

Du siehst, Nero, es kann manchmal daraus, daß man die Lehren der Stoa in den Wind schlägt, ein Verhängnis mit tödlichem Ausgang erwachsen. Wie oft habe ich es geschrieben, daß es für einen ehrlichen Mann keinerlei Grund gibt, sich seiner Armut zu schämen. Wie es für einen Weisen, solange nicht ein Tiberius oder Caligula an der Macht ist, keinen Grund geben sollte, sich seines zufällig vorhandenen Reichtums wegen unwohl zu fühlen.

Caligula hatte übrigens eine ganz eigene Auffassung von der Stoa und seine ganz eigene Übung, an ihr Ziel zu gelangen. Die erstrebte Unberührbarkeit der Seele von den Schlägen des Schicksals, die bei den Meistern unserer Schule Apathie oder Ataraxie genannt wird, hieß bei ihm Adiatrepsia, was wohl am ehesten mit Schamlosigkeit übersetzt werden müßte. In dieser suchte er sich zu vervollkommnen, indem er sich sooft wie nur möglich Exekutionen anschaute. Seine Übung bestand dabei darin, während er sah, wie Leuten, die Freunde gewesen waren, der Kopf abgeschlagen wurde, keinerlei Gefühlsregungen in sich entstehen zu lassen. Es wurden manchmal von ihm Hinrichtungen angeordnet, nur weil er fürchtete, in dieser Fähigkeit zu erlahmen, wenn er über mehrere Tage die Übung in ihr versäumte. Ich denke, er arbeitete daran, die Barriere zu schleifen, die in dem Rest vorhandener Seele bei ihm noch stand und ihn hinderte, den Mordbefehl für Agrippina zu geben.

Proportional zur Zahl der Exekutionen nahm die der Verschwörungen zu. Ich könnte, nur aus den letzten drei Monaten der Regierung Caligulas, hier aus dem Gedächtnis leicht zehn oder auch zwanzig anführen, von denen ich wußte, bevor sie aufgedeckt wurden. Nur der Ordnung halber sollst du erfahren, daß ich nicht an einer einzigen von ihnen beteiligt gewesen bin. Dabei war mir natürlich wie jedermann klar, daß die Ermordung dieses Kaisers eine von Tag zu Tag dringender werdende Überlebensnotwendigkeit für das Imperium darstellte. Selbst beim Mob hatte sich Caligula die letzten Sympathien verscherzt, als er einmal in der Arena auf Sprechchöre, die etwas weniger Spiele und dafür etwas mehr Brot von ihm verlangten, seine germanische Leibwache wahllos in der gegen ihn aufbegehrenden Menge herummetzgern ließ.

Längst war Macro, dem er seine Thronerhebung dankte, zu einem seiner zahllosen Opfer geworden. Den erledigten Posten hatte Caligula daraufhin auf zwei Praefecten verteilt. Du hast ihm das nachgemacht, Nero, wir wissen also Bescheid, was er mit dieser Maßnahme bezweckte. Wenn es ihm gelang, die beiden Befehlshaber im dauernden gegenseitigen Mißtrauen zu erhalten, verminderte sich für Caligula sehr bedeutend das Risiko, auf die Art beseitigt zu werden, die ihn selbst an die Macht gebracht hatte. Immer mit der Aussaat kleiner Gehässigkeiten zwischen den Spitzen der Praetorianer beschäftigt, vernachlässigte Caligula sträflichst die Obacht auf ihren Tribunen Chaerea.

Das Orakel der Fortuna-Schwestern in Antium, deinem und seinem Geburtsort, hatte ihn vor einem Cassius gewarnt, der einen Mordanschlag auf ihn plane. Caligula hatte daraufhin Cassius Longinus, den damaligen Proconsul von Asia, töten lassen, aber übersehen, daß auch Chaerea den Namen Cassius führte. Daß Chaerea dem antischen Orakel und dem Caesarmörder gleichen Namens Ehre erwies, daß er gemeinsam mit dem Tribunen Cornelius Sabinus, der sich bei der Gelegenheit Brutus-Ruhm erwarb, Caligula schließlich erdolchte, Rom von diesem Scheusal erlöste, das weißt du, Nero. Wer jedoch hinter dieser Verschwörung stand, wer sie ausgedacht, wer Caligulas Nachfolger ausgewählt und ihn zum Kaiser gemacht hat, das sollst du jetzt von mir noch erfahren.

Ich will es nicht spannender machen, als es ist, sonst kommt noch dein Centurio der Auflösung zuvor. Es war – wer hätte es sonst sein können? – »die beste aller Mütter«, wie du es den ersten Münzen unter deinem Principat einprägen ließest, es war Agrippina. Die Gute dachte in ihrem Exil von früh bis spät über nichts anderes nach als darüber, wie sie ihrem lieben Nerolein am geschicktesten den Weg zur Herrschaft über die Welt ebnen konnte. Mit deinen gerade mal vier Jahren warst du leider noch nicht reif genug, die Regierung zu übernehmen. Caligula war aber unmöglich an der Macht zu erhalten, bis du deine Volljährigkeit erlangt haben würdest. Es mußte nolens volens erst noch ein Kaiser dazwischengeschaltet werden.

Natürlich einer aus der iulisch-claudischen Familie, denn sonst wäre es ja auch um die Ansprüche deines kostbaren Blutes geschehen gewesen. Es kam also nur noch der anerkannte Erztrottel dieser Familie in Frage, dein Onkel Claudius. Er wurde später ja noch dein Vater. Du bist schon deswegen ein Mensch seltenster Auszeichnung, Nero, weil du zwei Onkel hattest, die zugleich deine Väter waren.

Claudius' Bein hinkte, sein Kopf wackelte, seine Hand zitterte, und außerdem stotterte er. So sah der Bruder des Germanicus aus! Weder Tiberius noch Caligula hätten je von seiner Seite das Geringste befürchtet. Es gab ihnen in keiner Weise zu denken, daß dieser unansehnliche, linkische Claudius zwar nicht bei seiner Mutter und erst recht nicht bei der vergöttlichten Livia, dafür sonst in der Damenwelt allerhöchste Anerkennung genoß und in deren Betten ähnliche Erfolge zu verzeichnen hatte wie sein Bruder in dessen germanischen Kriegen.

Noch unter der Herrschaft seines Neffen Caligula schloß er seine dritte Ehe. Es war die mit Messalina, der einzigen Frau Roms, die, was Schönheit, Reichtum, Abstammung betraf, noch entfernt heranreichte an Agrippina. Das war möglicherweise für deine Mutter das ärgerlichste an ihrer Verbannung, daß sie dieser Heirat nicht zuvorkommen konnte. Den Plan, früher oder später bei Claudius an Messalinas Stelle zu treten, hatte sie aber bereits damals entworfen. Welchen Sinn hätte es wohl sonst für Agrippina gemacht, zwischen Caligula und dich noch Claudius als Kaiser zu setzen?

Den Kontakt zu Claudius hielt Agrippina von ihrem Exil aus über Callistus, einen gewesenen Sklaven Caligulas, der als Freigelassener bei ihm das wichtige Amt a libellis versah. Das heißt, Callistus war derjenige, der die an den Kaiser gerichteten Bittschriften entgegennahm und zu bearbeiten hatte. Die Verbindung zu Callistus war hergestellt worden durch Pallas, ebenfalls ein Sklave aus edler griechischer Familie, der Agrippinas Großmutter Antonia gehört und dem diese vor ihrem Tod die Freiheit geschenkt hatte.

Pallas besuchte regelmäßig in der Rolle eines griechischen Händlers Pontia, nahm dort von Agrippina die Direktiven entgegen, die er in Rom an Callistus und Claudius weitergab. Callistus war in Fühlung mit den Praetorianertribunen, die das Attentat auf Caligula ausführen sollten. Auf diese Weise konnte Agrippina in groben Zügen den Staatsstreich zwar planen, unmittelbar anleiten wie im Fall deiner Thronerhebung konnte sie die deines Onkels von ihrem Verbannungsort aus nicht. Sie mußte das einzelne dem Geschick Chaereas und Sabinus' überlassen.

Von Agrippinas Weisung an Claudius, gleich nach der Machtergreifung Chaerea und Sabinus als Mörder Caligulas mit dem Tod zu bestrafen, wußte nur Pallas. Für Callistus, der die beiden mit Versprechungen auf Belohnung durch den kommenden Kaiser zur Beseitigung des gegenwärtigen anstiften mußte, war es von Vorteil, daß man ihm diesen Teil des Umsturzplanes verschwieg.

Ich verrate dir kein Geheimnis, Nero, wenn ich dir sage, daß die Tyrannen so häufig ihr Spiel über jede Gebühr treiben, weil sie nicht ganz zu Unrecht auf die Schwäche des menschlichen Charakters spekulieren. Ein niederes Motiv strebt viel energischer zur Tat als ein edles. So war auch hier wieder Zögern und Zaudern. Man erweiterte den Kreis der Verschwörer, weil man hoffte, es möge sich einer finden, der noch begieriger war, sich mit dem Ruhm des Mords am Tyrannen zu schmücken. Man beobachtete ihn. Diese Gelegenheit ist bestimmt günstig, es könnte ja aber eine noch günstigere kommen. Die Furcht vor dem Tod, der droht, falls der Anschlag mißrät, wächst über die vor der Konsequenz, die eintreten muß, wenn die Verschwörung aufgedeckt wird.

Vielleicht wäre Caligula noch am Leben, wäre vor ihm Rom untergegangen, hätte er die Verschwörer nicht geradewegs herausgefordert, ein Ende mit ihm zu machen. Das Palatinische Fest wurde gefeiert. Die vergöttlichte Livia hatte es zu Ehren des vergöttlichten Augustus nach dessen Tod eingeführt. Es ist mit seiner dreitägigen Dauer eines unserer aufwendigsten Feste. Caligula hatte für jenes Jahr die Verlängerung der Feierlichkeiten auf acht Tage befohlen.

Es war der letzte Tag dieses Fests, und es sollte auch der letzte im Leben von Kaiser Caligula werden.

Er saß auf der Tribüne, neben ihm Claudius, um sie herum die Verschwörer. Abschluß und Höhepunkt der Spiele sollte eine Tragödie sein, für die Caligula selbst die Choreographie übernommen hatte. Den Chor bildeten edle Knaben aus Griechenland. Sie hatten sich im Palast zu einer letzten Probe vor ihrer Aufführung versammelt. Das wurde Caligula mitgeteilt, und er erhob sich von seinem Platz, um durch die unterirdische Passage, die das Theater auf dem Palatin mit dem Palastinnern verbindet, zu den Knaben hinüberzugehen.

Claudius begleitete ihn gemeinsam mit den bewaffneten Praetorianern. Caligulas germanische Leibwache hatte den unvorhergesehenen Aufbruch bei laufender Vorstellung verpaßt, der Kaiser selbst war ganz in Gedanken an seine griechischen Knaben und an die Tanzschritte, die er mit ihnen einstudiert hatte.

Sie waren schon über die Mitte des Tunnels hinaus, die Leibwache kam immer noch nicht hinterher, aber weder Chaerea noch Sabinus, die direkt hinter Caligula und Claudius gingen, vermochten sich zum Stoß zu entschließen. Claudius übertrieb sein Hinken noch mehr, es geschah immer noch nichts. Da drehte er sich denn um zu Chaerea und Sabinus, brüllte sie unvermittelt an: »Ihr wollt mich ermorden, ihr Hunde!«

Da endlich erhob Chaerea sein Schwert und spaltete Caligula das Kinn. Er lag schon am Boden, als ihn Sabinus' Hieb traf. Da fanden plötzlich auch die übrigen Verschwörer den Mut, ihre Schwerter in das Blut des Kaisers zu tauchen. Als, durch die Schreie des Sterbenden alarmiert, schließlich die Germanen von der Leibwache erschienen, war Claudius längst verschwunden, auch Chaerea und Sabinus waren mit ihm geeilt. Aber von denen, die immer noch auf den Toten einstachen, und von den Senatoren, die mit der ganzen Sache gar nichts zu tun hatten und Caligula nur zu der Probe mit den Chorknaben begleiten wollten, wurden die meisten von der Leibwache niedergemacht.

XI

Nero, du wunderst dich, daß ich noch lebe? Glaubst du etwa, ich nicht?

Es war alles so schön vorbereitet gestern abend. Wir hatten, ganz nach der Gewohnheit, unsere Mahlzeit eingenommen und befanden uns alle vier in heiterer und zufriedener Stimmung. Die Sklaven trugen die Wanne herein. Sie wurde mit heißem Wasser gefüllt. Ich legte meine Kleider ab und stieg hinein.

Statius hatte mir eben am rechten Handgelenk die Ader geöffnet, und ich sah, halb mit dem Interesse eines Naturforschers, halb mit dem eines Kunstfreundes, wie sich unter mir das Wasser rot einzufärben begann. Da stürzte in fürchterlicher Aufregung ein junges Sklavenmädchen zu uns herein. Das Kind stottert von Natur aus schlimmer als der Kaiser Claudius, den ich am Morgen in die Lebensgeschichte Agrippinas eingeführt hatte, aber in ihrer Erregung war sie überhaupt nicht mehr zu verstehen.

Es dauerte eine Weile, bis wir erfuhren, was ihr die Dreistigkeit lieh, in die wenn schon nicht ernsteste, so doch bestimmt wichtigste Szene meines Lebens hineinzuplatzen und den ganzen vorbereiteten Ablauf durcheinanderzubringen. Ihre Mutter, so ließ sie uns wissen, käme gerade mit einem Kind in ihrer Hütte nieder. Das wolle aber offenbar nicht hinaus in die Welt, und die Mutter atme nur noch sehr schwach, stürbe sicher noch vor der Geburt, wenn ihr nicht in den nächsten Minuten der Retter erschiene. Du kannst dir vorstellen, Nero, in welche Gefahr meine Ataraxie durch diesen Auftritt geriet. Statius wollte das Mädchen fortschicken. Er könne nicht bei Tod und Geburt gleichzeitig helfen. Ich hatte aber gleich, als das Mädchen hereinkam, an seiner Ähnlichkeit mit der Mutter erkannt, welche meiner Sklavinnen da auf mich in größter Not ihre Hoffnungen setzte.

Sie war mir einmal als junges Ding aufgefallen, während ich mit Agrippina über den Sklavenmarkt bummelte. Sie zeichnete sich nämlich, wie jetzt die Kleine, durch frappante Ähnlichkeit mit Agrippina in bestimmten Gesichtszügen aus. Ich witzelte erst mit ihr darüber, und dann trieb Agrippina den Scherz noch weiter, kaufte die junge Frau und schenkte sie mir.

Sie bot sich mir immer an, wenn wir uns zufällig bei schönem Wetter in den Weinbergen trafen. Ich habe sie dann auch meistens genommen, hauptsächlich, weil ich dabei eine Versüßung meiner Sehnsucht nach Agrippina genoß. Die Wahrscheinlichkeit, daß sich hier ein aus meinem Samen gewachsenes Kind den Eintritt ins Leben erkämpfte, war nicht gering.

Die ganze Stimmung, die wir wohl, ein jeder

für sich, nicht ohne gewisse Sorgfalt aufgebaut hatten, war, nicht nur bei mir, sondern auch bei meiner Frau und bei meinen Freunden durch den Zwischenfall so ziemlich verdorben. Weiterzumachen hätte Starrsinn bedeutet. Ich bin alt, mein Blut fließt langsam, und ich hatte noch nicht sehr viel davon verloren. Statius ließ mich, als ich ihn danach fragte, wissen, er könne ohne weiteres die geöffnete Ader wieder verbinden. Es wäre dann nichts anderes gewesen als ein kleiner Aderlaß, wie er bei bestimmten Krankheiten zur Heilung angezeigt ist. Wir könnten problemlos anderntags die Prozedur von vorn beginnen.

Ich ließ mich also von ihm verbinden und bat ihn, der kreißenden Sklavin bei der Geburt behilflich zu sein. Mutter und Kind sind heute wohlauf. Es ist ein Junge geworden, und er wird den Namen Seneca tragen. Gerade war Statius fort, ich hatte mich eben abgetrocknet, fühlte mich durch den Blutverlust geschwächt und wollte mich zur Ruhe begeben, als mir Crispinus erklärte, daß er an diesem Abend unabkömmlich sein würde, weil er nämlich seine Tochter verheiraten muß.

Die reinste Komödie, Nero, findest du nicht? Zehn Tage läßt du uns warten auf deinen Centurio, und heute – zum ersten Mal in meinem Leben möchte ich wetten – kommt er bestimmt. Selbstverständlich hat Crispinus mir angeboten, die Hochzeit seiner Tochter noch zu verschieben. Ich will nichts davon wissen. Sollte aber wirklich nachher der Centurio kommen, will ich ihn bitten, über Nacht in meinem Haus zu bleiben und bis morgen mit der Sache zu warten. Es kommt ja nun auf diesen einen Tag auch nicht mehr an. Es ist mir aber wichtig, dich und die Nachwelt über die Gründe in Kenntnis zu setzen, die mich zwingen könnten, deinen Beamten um diese geringfügige Verlängerung meines Lebens zu bitten.

Ein neuer letzter oder vorletzter Tag meines Lebens wäre das also, wozu ich heute erwacht bin, und ich will ihn verbringen wie jeden gewöhnlichen Tag. Schreibend. Ich fühle mich übrigens blendend. Statius empfiehlt den gelegentlichen Aderlaß besonders für Leute, die wie du zur Fettleibigkeit neigen. Da ich dir spätestens ab übermorgen mit Ratschlägen für deine Regierung nicht mehr behilflich sein kann, will ich dir noch mit diesem hier für deine Gesundheit dienen.

Diejenigen Senatoren, die der Verfolgung durch Caligulas Leibwache entkamen, trommelten sofort den Senat auf dem Capitol zusammen, den übrigen Vätern als Augenzeugen berichten zu können. Schon daß wir diese außerordentliche Außerordentliche Sitzung auf dem Capitol nicht wie üblich in der Kurie abhielten, war Programm und Demonstration. Die Curia Iulia trug ja den Beinamen der Familie, deren Alleinherrschaft man mit der Bluttat an Caligula für immer ein Ende gemacht zu haben vermeinte. Ich war dabei, und es ist eigentlich gar nicht schlecht, wenn ich hier unvermutet noch die Gelegenheit finde, dir die wahrscheinlich kurioseste Sitzung dieses Gremiums zu schildern.

Ein nie dagewesener Jubel war es, der unter den Versammelten ausbrach, als sie sicher sein konnten, daß Caligula tot, durch die, die nachgestochen hatten, sogar noch ein bißchen toter als tot war. So wollte ich schreiben, muß es aber sofort wieder korrigieren. Der Jubel der Senatoren war nämlich, als sie Caligula mit der Leiche des Tiberius auf der Via Appia entgegengelaufen, um ihn als ihren neuen Kaiser zu begrüßen und ihm ihre Ergebenheit auszudrücken, keineswegs geringer gewesen. Vier Jahre waren vergangen, aber es wollte jetzt einem jeden von ihnen – mich eingeschlossen – so erscheinen, als habe das Joch von Caligulas Tyrannei vierzig Jahre lang seinen Nacken gebeugt.

Ich glaube, ich habe das Wort »Freiheit« in meinem Leben nicht so häufig gehört wie an jenem Nachmittag im Senat. Die Väter berauschten sich an dieser Vokabel wie an einem besonders süffigen und kräftigen Wein. Es nimmt wunder, daß in all dem Taumel die Consuln noch die Geistesgegenwart hatten, wenigstens der Loyalität der ihnen unterstellten Stadtkohorten sich zu versichern und sie als Wachen über die Viertel zu verteilen, die von den armen und ganz armen Römern bewohnt werden.

Die Senatoren schwangen Reden, als hätte es nie einen Iulius Caesar, nie einen Augustus gegeben, und natürlich immer wieder Freiheit, Freiheit und noch mehr Freiheit. Sicher war das Principat von

Augustus über Tiberius bis hin zu Caligula zu einer drückenden und tyrannischen Form der Herrschaft herabgesunken, aber die Senatoren wußten auch, warum sie die Wachen nach der Subura schickten. Was sich hinter der wohlklingenden Parole von der Freiheit verbarg, war doch unverkennbar die Wiederherstellung der Adelsherrschaft, für die Armen also nicht einmal mehr Brot, nicht einmal mehr Spiele.

Es war ein ganz neuer Ton, den die Senatoren anschlugen, oder besser gesagt, ein ganz, ganz alter, wie er uns aus den überlieferten Reden eines Cato und eines Cicero klingt. Kein feines Gedruckse und uneigentliches Gerede. Ich erinnere mich, daß einer von ihnen – ich nenne lieber nicht seinen Namen – offen heraus die vollständige Ausrottung der iulisch-claudischen Sippe verlangte. Er bekam dafür einen zwar nicht ungeteilten, aber doch sehr starken Applaus. Chaerea und Sabinus hatten ja eben gezeigt, wie es ging.

Wo waren sie eigentlich? Und wo, vorher, da man von Ausrottung sprach, war Claudius geblieben, den man zuletzt im Theater an der Seite des erledigten Scheusals gesehen hatte?

Der Antrag, Claudius zu ergreifen und ihn die Gemonische Treppe hinunterzustürzen, fand keine Mehrheit. Messalina, dem kleinen Töchterchen, das sie Claudius geboren, Livilla, Agrippina und ihrem kleinen Nero hätten die nächsten Anträge gegolten.

Denn drehten sich für eine längere Weile die Reden und Widerreden nur um Claudius und das Verhältnis, in welches sich der Senat ihm gegenüber zu stellen gedachte. Ich meldete mich, und als mir das Wort erteilt wurde, brachte ich spontan eine Rede hervor, die ebensogut Punkt für Punkt von Agrippina für mich hätte entworfen sein können.

Ich mahnte die Versammlung zu nüchterner Betrachtung der entstandenen Lage. Ich erinnerte an den Bürgerkrieg, an seine Beendigung und Überwindung durch den vergöttlichten Augustus. Dafür hatte man bis dahin im Senat stets Beifall geerntet. Diesmal wurde gemurrt. Man müsse, wolle man auf einen die Beschlüsse des Senats verwirklichenden, das Imperium in seiner Ganzheit verwaltenden und zusammenhaltenden Princeps verzichten, die seit Iulius Caesar eroberten Provinzen aus dem Verbund entlassen und in die Barbarei zurückstoßen.

Dies bedachten viele, besonders die, die immer wieder an den Auslosungen der Statthalterschaften teilnehmen, und es wurde merklich stiller in der Versammlung. Das meiste der Schuld, so führte ich meine Argumente fort, an den Übergriffen, an den Exzessen, an den Verbrechen eines Tiberius und eines Caligula trügen die Senatoren mit ihrer Speichelleckerei, mit dem Opportunismus, wie sie ihn sich immer mehr zur vornehmsten Tugend gemacht hatten, selbst. Ihr Schweigen machte mir ihre Betroffenheit hörbar.

Die gesetzgebende Gewalt, die die Verfassung ihm zuschreibt, sei dem Senat nicht entrissen worden. Man habe sie Augustus und den beiden ihm nachfolgenden Kaisern Stück für Stück aufgedrängt und sich auf diese Weise selber entmachtet. Die Trennung der exekutiven von der legislativen Gewalt sei eine unabdingbare Voraussetzung für den Erhalt des Imperiums und für die weitere Entwicklung der römischen Zivilisation.

Der Senat, der im Begriff stehe, sein altes und gesundes Selbstbewußtsein neu zu errichten, so endete ich, könne auf das Principat nicht verzichten und versäume die Gunst der Stunde, die ihm die Ernennung des mächtigsten Princeps jetzt in die Hand gab, bei Strafe des eigenen Untergangs. Claudius, ein Gelehrter und intimer Kenner vornehmlich der republikanischen Zeiten, sei nach meinem Dafürhalten bestens geeignet, Tiberius und Caligula vergessen zu machen, um dort anzuknüpfen, wo der vergöttlichte Augustus aufgehört hatte.

Es wurde der Antrag gestellt, Claudius unverzüglich in den Senat zu laden und seine Meinung zu hören. Für die Delegation, die ihn aus dem Palast auf das Capitol bitten sollte, wurde ich vorgeschlagen, ließ mich aber nicht wählen.

Wie war es, während sich die Väter auf dem Capitol ihre weiß behaarten Köpfe heiß redeten, im Palast weitergegangen?

Claudius, der, wie von verschiedenen, die ihn beobachteten, bezeugt worden ist, plötzlich gar nicht mehr hinkte, im Gegenteil für sein stattliches Alter von fünfzig Jahren sehr behende zu laufen vermochte, hatte, wie gesagt, die Flucht ergriffen und hielt sich in einem abgelegenen Winkel versteckt. Er besaß eigentlich keinen Grund, sich vor den Germanen aus Caligulas Leibwache zu ängstigen, aber vielleicht hatte der Neffe sterbend alles durchschaut und Auftrag erteilt, ihn am verräterischen Onkel zu rächen.

Tatsächlich wurde recht verzweifelt nach ihm gefahndet, aber nicht von den Germanen, sondern von den Praetorianern, die ihn zum Kaiser ausrufen wollten. Das mußte schnell geschehen, denn die Senatoren hatten sicher auch ihre Kandidaten, wenn sie nicht gar die vermaledeite Freiheit wieder einführen würden. Absehbare Folge von so etwas mußte es sein, daß sich neuerlich römische Legionen untereinander bekriegten.

Claudius reagierte nicht auf die Rufe, er blieb in seinem Versteck. Anzuschauen, mit welchem Ingrimm sich nach Chaerea und Sabinus auch höchst gesittete Senatoren über den wehrlosen Caligula hergemacht hatten, das hatte ihm fürs erste die Lust, Kaiser zu werden, so ziemlich restlos verscheucht.

Das war bestimmt eine sehr echte Empfindung. Es muß ihm mancherlei durch den Kopf gegangen sein in diesen Minuten. Vergessen wir aber nicht, daß er der großartigsten Schauspielerfamilie aller Länder und Zeiten entstammte, und nicht selten frage ich mich, Nero, ob nicht er, Claudius – ohne dich herabsetzen zu wollen –, von euch allen der Raffinierteste und Erfolgreichste war.

Das Grundmuster des Spielchens hatte der vergöttlichte Augustus erfunden. Man drängte nicht zur Macht, man gab sich im Gegenteil den Anschein, als wolle man um jeden Preis die hohe Verantwortung fliehen. Sogar Caligula erhielt sich noch einen Rest von dieser Koketterie und hat allen Versuchen des Senats, sich von ihm Vater des Vaterlandes nennen zu lassen, tapfer widerstanden.

Claudius hat es auf die Spitze getrieben. Der ganze Palast erscholl von den Hochrufen auf Kaiser Claudius. Er blieb mäuschenstill hinter seinem Vorhang, ließ nur für alle Fälle seine Sandalen hervorlugen. Schließlich wußte er selbst am besten, wie kostbar die Zeit war, die da verstrich.

Als ihn endlich einer der Praetorianer hervorzog, schaute er drein wie seinerzeit der halbwüchsige Caligula, der von seiner Großmutter Antonia beim Beischlaf mit seiner Schwester Drusilla überrascht worden war. Er konnte nicht nur wieder fabelhaft hinken, er stotterte auch besser denn je.

»Ke-ke-ke-ke-Kaiser ke-ke-ke-ke-kommt überhau-hau-hau-haupt ni-ni-ni-ni-ni-ni-nicht in F-F-F-F-Frage.«

Weil die Senatoren von der Kurie zum Capitol hinaufgezogen waren, befanden sich die Praetorianer jetzt in einer Art Zugzwang. Wer Kaiser wurde, das war schon zur Nebensache geworden. Wer ihn ausrief und wo er ihn ausrief, das war entscheidend.

Die Praetorianer hatten nicht das geringste Interesse, aus Claudius' Gestotter schlau werden zu wollen. Man verfrachtete ihn kurzerhand in eine Sänfte, die kräftige Burschen schulterten. In Formation wurde vom Palast zur Kaserne marschiert.

Auf dem Zug durch die Stadt strömte viel neugieriges Volk herbei, und da sich herumgesprochen hatte, was mit Caligula veranstaltet worden war, mußten die Leute annehmen, dem armen Claudius stünde jetzt etwas ganz Ähnliches bevor. Claudius gestikulierte aus seiner Sänfte heraus so geschickt, als hätte er das alles von Mnester gelernt, um die Menge in diesem Glauben möglichst noch zu bestärken. Es wurden die unguten und gefühlsbeladenen Erinnerungen an den Bruder, die Schwägerin mit der Urne wach, und es kochte auch schon die mit Trauer vermischte Wut wieder auf, beinahe in ihrer damaligen Vehemenz. Vorne zückten die Männer schon ihre Schwerter, sich die Gasse nach der Kaserne etwas breiter zu bahnen. Der Grad der Anteilnahme der Masse an Claudius' Geschick war unbedingt überraschend, wenn auch nicht überwältigend genug, den Zug der Praetorianer zu stoppen. Jedenfalls mußte es sie in der Meinung bestätigen, den richtigen Mann in die Sänfte geladen zu haben. Die Delegation, die vom Capitol losgeschickt worden war, kam natürlich nicht an die über den Helmen der Praetorianer schaukelnde Kiste heran.

Als man das Kasernentor verrammelt und das Volk ausgesperrt hatte, das schon gar nicht mehr wußte, um wen es mehr trauern sollte, um Caligula oder um Claudius, oder ob nicht vielleicht doch eher Anlaß zu einer Freudenfeier bestand, hinkte Claudius zwar noch, sprach dafür aber klar und ohne zu stottern. 15 000 Sesterzen für jeden Mann, das waren die Worte, mit denen der neue Kaiser seine Truppe bei seinem ersten Besuch in deren Festung begrüßte. Die Summe war von Agrippina in dieser Höhe festgesetzt worden mit der Versicherung an Claudius, ihm den Betrag, sobald er sie aus der Verbannung zurückgeholt haben würde, auf den As zu erstatten.

Ich war nicht dabei, möchte aber behaupten, daß das Jubelgeschrei, das bei Verkündung dieser kaiserlichen Verordnung unter den Praetorianern ausbrach, das Freiheitsgejohle auf dem Capitol an Lautstärke noch übertraf. Dort hatte man gerade den Bericht der Delegation vom Scheitern ihres Auftrags vernommen. Inzwischen waren vom Rednerpult allerlei Vorschläge gekommen, auf welche Weise man Claudius empfangen könne und was die verschiedenen Eide zu sein hätten, die man ihn schwören lassen müsse, bevor man ihn dann eventuell unter diesen und jenen Umständen vielleicht doch anerkennen dürfe in der eng und fest umrissenen Rolle des Princeps.

Nun erkannte man, daß die Dinge in der Wirklichkeit eine etwas abweichende Form erhalten hatten, und das Wort »Freiheit« fiel, wenn ich recht erinnere, nicht mehr. Eine neue Delegation wurde gewählt, Claudius nunmehr vom Castrum der Praetorianer auf das Capitol einzuladen. Gleichzeitig wurde der Antrag zur Geschäftsordnung angenommen, die Debatte für zwei Stunden zu unterbrechen, um den Senatoren Gelegenheit zum Abendessen zu geben.

Das war dann eigentlich schon das Ende der Restauration von Freiheit und Republik, denn auf dem Weg in ihre Häuser kamen die Väter nicht umhin zu bemerken, daß die Wünsche des Volkes den ihrigen sehr unähnlich waren. Wie sich die Nachricht von den pro Mann ausgelobten 15 000 Sesterzen durch die Kasernenmauern in die Ohren der Stadtkohorten fortpflanzen konnte, ist meines Wissens nie herausgefunden worden, jedenfalls war zu dieser Abendstunde von ihnen keiner mehr auf dem angewiesenen Posten.

Sie lagen wie die Senatoren zu Hause beim Essen und dachten nach. Es war wohl besser abzuwarten, was Kaiser Claudius ihnen vorschlagen würde, ehe man sich für irgendein auf dem Capitol ersponnenes republikanisches Märchen von den Praetorianern den Schädel spalten ließ.

Vielleicht haben viele der Senatoren bei ihren Familien noch bis tief in die Nacht von der Freiheit geredet, zur Fortsetzung der Debatte erschienen gerade einmal drei Dutzend von ihnen im Capitol. Die Delegation brachte von Claudius die knappe Auskunft, er sehe sich seiner Freiheit beraubt und vorläufig nicht in der Lage, sich vom Ort seines Aufenthalts zu entfernen. Das war das letzte Mal, daß man dort oben das Wort noch einmal hörte.

Claudius hatte noch die kleine Mutprobe hinter sich zu bringen, Chaerea und Sabinus für den Mord an Caligula zu richten. Das wurde von Callistus so diskret arrangiert, daß bei den Praetorianern kaum jemand Anstoß daran nahm.

Es wirkte als deutliche Warnung an den Senat. Man sah, daß dieser Kaiser vielleicht ein wenig anders regieren würde als seine Vorgänger, aber keineswegs aus der Art geschlagen und etwa als Weichling zu betrachten war. Dennoch hielt Claudius vorsichtig Abstand vom Senat. Die Vollmachten eines Princeps übertrugen ihm die Väter in absentia. Erst dreißig Tage nach Antritt seiner Regierung ließ Claudius sich bei ihnen blicken – und das auch nur in Begleitung einer Praetorianer-Abordnung, die entgegen der Vorschrift und unter beleidigender Verletzung des Brauches bei Betreten der Curia Iulia nicht ihre Waffen ablegte. So war die Regierung von Kaiser Claudius von Anbeginn eine Regierung nicht mit dem, sondern gegen den Senat, und das sollte bis zu ihrem Ende so bleiben.

Agrippina und Livilla kehrten aus der Verbannung zurück, und damit begann – für Rom, wollte ich sagen, muß aber zutreffender formulieren: für mich – eine neue Epoche. Agrippina wurde von Claudius für das Vermögen, das ihr Caligula abgenommen und zu Lugdunum versteigert hatte, entschädigt. Allerdings blieb ihr, als sie Wort hielt und Claudius das ausgelegte Bestechungsgeld für die Praetorianer zurückgab, nicht viel davon übrig.

Klüger hätte sie ihr Geld gar nicht anlegen können. Es war eine Investition in deine Zukunft, von der du mit deinen dreieinhalb Jährchen noch nicht allzuviel ahntest. Die Praetorianer erfuhren recht bald, wem sie das ausnehmend großzügige Geschenk zum Regierungsantritt ihres neuen Kaisers in Wahrheit verdankten. Dafür sorgten schon Callistus und Pallas.

Es schmerzt mich noch heute, wenn ich den Namen Pallas hinschreiben muß. Agrippina war nur ein einziges Mal in ihrem Leben gezwungen, um die Liebe eines männlichen Wesens kämpfen zu müssen. Dieses männliche Wesen warst du, Nero. Du hast dich lange dagegen gewehrt, »Mama« zu ihr zu sagen, und warst überhaupt nicht begeistert davon, aus dem Haus deiner Tante in das von Agrippina und Livilla umziehen zu müssen.

Livilla war noch verheiratet. Die Verurteilung der Schwestern durch Caligula und nachher durch den Senat war ja nicht unter der Anklage des Hochverrats, sondern wegen Ehebruchs erfolgt. Andernfalls wäre nur die Verurteilung zum Tode, nicht die Verbannung möglich gewesen. Oh, dieses verlogene, unselige Ehebruchsgesetz, das sich der vergöttlichte Augustus ausgedacht hatte …

Livillas Gatte war durch ihre Verbannung automatisch von ihr geschieden worden. Jetzt aber war mit ihrer Rehabilitation durch Claudius diese Ehe wieder rechtsgültig geworden. Du weißt, warum ich das erwähne.

Livilla und Agrippina hatten ja schon vor der Verbannung ihren Ehemännern Caligula und Lepidus als Bettgenossen vorgezogen. Wir haben nie darüber gesprochen, Nero, wieviel du davon als Kind mitbekommen hast. So oder so darfst du heute erfahren, daß die Schwestern mit der Rückkehr nach Rom ihre alten Gewohnheiten wiederaufnahmen. Sie vergnügten sich gemeinsam mit verschiedenen Männern. Ihr Onkel Claudius gehörte dazu. Ebenso Pallas. Ich war nicht mehr so jung wie die Schwestern, aber auch noch nicht fest genug in der Stoa, um der Versuchung, zwischen den Töchtern des Germanicus liegen zu dürfen, widerstehen zu können. Es waren stolze Frauen, imposante Schönheiten, mit den ausgefallensten Raffinessen des Liebesspiels bestens vertraut durch das, was man über Tiberius und Caligula eigentlich eine kaiserliche Tradition nennen müßte. Außerdem war ich, seit ich sie leibhaftig erblickt und ihre Stimme gehört hatte, bis über die Ohren in Agrippina verliebt.

Es geschah, gleich als ich zum ersten Mal in ihr Haus gerufen wurde. Ich sollte dich unterrichten in verschiedenen Fächern. Das hatte Agrippina sich so gewünscht. Ich unternahm tatsächlich den Versuch, mit dir ein Gespräch anzufangen, und wollte dich dahin bringen, deinen Namen in eine Wachstafel zu ritzen. Ich weiß nicht, ob du dich daran noch erinnerst.

Den schönen elfenbeinernen Griffel, den ich für dich besorgt hatte, zerbrachst du vor meinen

Augen, das Wachstäfelchen flog in hohem Bogen durch die Halle und zerschellte an einer Säule. Wenn du überhaupt etwas lernen würdest, so erklärtest du dann in einer Pose, die du noch heutigentags gelegentlich einnimmst, so allerhöchstens von deinem Wagenlenker und von deinem Frisör. Das brachte dir das beifällige Gelächter deiner Mutter und deiner Tante Livilla ein, und mir blieb auch weiter nichts übrig, als mit ihnen über deine großmäulige Frechheit zu lachen.

Ich war also erleichtert, als du fortgeschickt wurdest. Agrippina und Livilla zeigten sich sehr, sehr viel empfänglicher für die geistigen Schätze, die ich vor ihnen auszubreiten begann. Sie hingen an meinen Lippen, als ich ihnen von Zeno und Epikur, von dem Kyniker Diogenes erzählte, und nichts reizte sie mehr als meine Ausführungen über die Aufgabe des Weisen, die darin besteht, die Begierde zu unterdrücken.

Ich redete ihnen von dem erhabenen Wohlgefühl, das die ausgeglichene Seele empfindet, wenn sie in einem Fleisch wohnt, das sich von keiner Lust mehr aufstacheln läßt. Während ich so sprach, wurde ich von meinem eigenen Fleisch widerlegt, denn vier wunderschöne und geschickte Hände hatten unter meiner Toga das Argument gefunden, das sich mühelos gegen meine Verherrlichung der Tugend aufrichten ließ.

Ich sagte, es widerstrebe mir, den Namen Pallas zu schreiben. Wer sich mit Agrippina oder Livilla einließ, durfte nicht eifersüchtig sein, schon gar nicht, wenn er das Privileg genoß, von beiden gleichzeitig verwöhnt zu werden. Mag sein, du hast dich damals so bösartig gegen mich betragen, weil dein unverbogener kindlicher Instinkt dir sehr deutlich sagte, daß ich nicht ausschließlich zu dem Zweck bestellt worden war, dein Latein zu verbessern.

Ich bin erstaunt über mich selbst, weil es mir so kurz vor dem unausweichlichen Tod ausnahmslos behagliche Sensationen bereitet, die Szenen jener Nächte, die ich mit Agrippina und Livilla verbracht habe, wieder vor mich zu rufen. Es schickt sich aber nicht, hier ins einzelne zu gehen. Sie war schließlich deine Mutter, war zeitweilig auch deine Geliebte. Es ist nicht meine Absicht, dich zu quälen, indem ich deine Eifersucht reize, die man wohl auch dann empfindet, wenn die Frau, die man nicht für sich alleine haben konnte, seit geraumer Zeit tot ist.

Von dem Verdacht, daß Eifersucht der tiefere Grund meiner Verurteilung zum Tode sein könnte, davon, Nero, spreche ich dich hier in aller Form frei. Aus meinem reinsten Herzen. Eifersüchtig war aber dein Onkel Claudius.

Messalina, inzwischen schon Mutter nicht nur der Octavia, deiner späteren Stiefschwester und Ehefrau, sondern auch deines Rivalen Britannicus, hätte Claudius wahrlich genügend Anlaß für derartige Gefühlsregungen geboten. Es ließ ihn kalt, wenn sie Orgien feierte und dafür sorgte, daß sie Stadtgespräch wurden.

XII

Wie schnell man vergißt, daß man sterben soll, wenn man sich zu einer Frau gelegt hat.

Vor den Stoikern, vor denen, die ich mit meinen Schriften selbst auf diesen Weg gelenkt habe, muß ich mich schämen. Ich schäme mich eigentümlicherweise nicht vor mir selbst. Einzig durch den Fluß und den Zusammenhang der im Geiste der Pflichterfüllung begonnenen, durch das Ausbleiben deines Centurios sich mehr und mehr ausweitenden Trostschrift war ich wieder zwischen Agrippina und Livilla geraten.

Bleib ruhig, Nero. Ich wollte dich gestern nicht necken, werde es auch heute nicht tun. Aber außerordentlich und gewaltig war es eben doch, was einem zwischen den beiden passierte, und ich denke, Gaetulicus und Lepidus haben gerne mit ihren Köpfen dafür bezahlt. Und wenn ich an dieser Stelle meine Schriften mit einem Wort rechtfertigen darf, so laß mich hinzufügen, daß es wenig Sinn machen würde, wenn einer, der die Begierde und ihre Befriedigung, ihre Überbefriedigung und ihre Überüberüberbefriedigung gar nicht kennengelernt hat, zu ihrer Unterdrückung aufriefe.

Meine gute Paulina hat gestern der Wöchnerin

und ihrem frischgeborenen Seneca einen Besuch abgestattet. Ich könnte mir vorstellen, daß sie Paulina dies oder das von Agrippina und Livilla erzählt hat, von dem Verhältnis, in welchem ich für eine Weile zu den kaiserlichen Schwestern gestanden. Für eine Sklavin weiß sie gar viel von diesen Sachen, und wenn du nach meinem Tod noch Genaueres darüber zu erfahren wünschst, magst du dich vertrauensvoll an sie wenden. Möglich, daß Paulina beim Anblick des Säuglings ein tiefes Bedauern darüber ergriff, nie selbst ein Kind von mir getragen zu haben.

Weiter muß ich es für möglich, nein, für wahrscheinlich muß ich es halten, daß Paulina mir nachspioniert und, während ich mich im Weinberg ergehe, heimlich den Papyros ausrollt, auf dem ich hier schreibe. Anders wäre ihr gestriges Betragen nicht zu erklären. Sie tat, als wir mit Statius und Crispinus beim Abendmahl lagen, alles, mich erkennen zu lassen, welch liebreizendes und begehrenswertes Weib mir mit ihr geschenkt worden ist. Das entging Statius sowenig wie Crispinus. Du wirst mich auslachen, Nero, wenn du hörst, daß ausgerechnet ich vergessen konnte, was die Tagesordnung verlangte. Es war so.

Mir wurde nicht einmal bewußt, daß meine Freunde, wenn ich philosophische Themen anschlug, nur ein kurzes Stückchen mit mir gingen, um unmerklich das Gespräch wieder jenen Tatsachen entgegenzulenken, die der Notwendigkeit unserer Fortpflanzung entspringen. Ungewohnt früh zogen sie sich unter Vorwänden von unserer Tafel zurück. Bei ihrem Aufbruch fiel es mir kurz noch einmal ein, was eigentlich hätte stattfinden müssen. Mir schien es jedoch eher unpassend, es noch zu erwähnen, und irgendwie freute es mich auch, von ihnen mit Paulina allein gelassen zu werden. Kurz und gut: Ich schlief mit meiner Frau.

»Was ist ungewöhnlich daran?« fragst du mich jetzt. »Warum erzählst du mir das?« Nichts, beim Hercules, ist ungewöhnlich daran. Aber es ziemt sich doch nicht für einen Weisen, wenn er vor lauter Geilheit das Sterben vergißt! Ich sage dir, Nero, Paulina war so leidenschaftlich gestern, so unersättlich, wie ich es nie erlebt habe bei ihr. Wäre ich Seneca, hätte ich je mit derlei Dingen vor dir geprahlt? Hätte ich mir je deine Achtung, dein Vertrauen, über lange Strecken deinen Gehorsam erworben?

Es ist so schlimm, Nero, daß ich am liebsten zu Paulina hinuntergehen würde, um dort weiterzumachen, wo wir in der Nacht aufgehört haben. Meine Freunde werden nachher erscheinen, Statius wird behaupten, sein Skalpell, Crispinus, seinen Griffel vergessen zu haben. Mir liegt viel an meinem Tod. Du, Nero, weißt das besser als meine Freunde und meine Frau, die es mir doch nur schwerer macht, wenn sie mich auf diese rücksichtslose Weise ins Leben zurückzuzerren versucht. Drum sei mir gut, Nero, und schick endlich deinen Centurio los.

Claudius war eifersüchtig, hatte ich gesagt, und zwar interessanterweise nicht auf all die consularischen, senatorischen, plebejischen, freigelassenen und auch sklavischen Böcke, die abwechselnd die Kaiserin Messalina besprangen, sondern auf die Nebenbuhler bei seinen Nichten. Man kennt das. Wie oft wird die Eifersucht bei eigentlich glücklichen Paaren von einem Spielzeug, mit dem die Partner sich untereinander zu necken versuchen, zum Instrument brutaler und immer brutalerer gegenseitiger Vernichtung!

In Rom wurde schon damals viel dummes Zeug über Messalina geredet. Und wieviel Papyros mußte seit ihrem Tod von den geplagten Ägyptern hergestellt werden, um all das aufnehmen zu können, was dem an Schwachsinn von unsren geschätzten Geschichtsschreibern noch hinzugefügt worden ist? Messalina liebte Claudius. Sie liebte Claudius wie einen Gott, und ich bedaure die Arme, daß sie nicht mehr miterleben durfte, wie ihr Angebeteter dann von Senat und Volk tatsächlich zum Gott gemacht worden ist. Sie war doch blutjung, hatte als zwiefache Mutter zu der Zeit, die hier in Rede steht, nicht einmal die Zwanzig erreicht! Und Claudius war über die Fünfzig hinaus!

Überall kannst du lesen, Messalina habe mit Claudius ihre mörderischen Spiele getrieben. Es war umgekehrt. Wer hat denn überlebt? Das junge Mädchen oder der Greis? Wer hat wem den Garaus gemacht? Es hat Messalina wahnsinnig gemacht, daß Claudius nicht nur regelmäßig hinging zu seinen Nichten, daß er sie ungeniert auch im Palast empfing vor ihren Augen. Keiner der erwähnten Historiker hat es versäumt, das Wesen der Messalina mit dem schönen griechischen Wort von der Nymphomania in Verbindung zu bringen. Ich sage dir, Nero, es lag ihr an keinem einzigen ihrer unzähligen Liebhaber etwas. Nicht an Mnester und auch nicht an Silius. Sie wollte nur den Hurenbock Claudius mit ihrer Hurerei übertrumpfen, wollte ihn zwingen, Agrippina und Livilla wieder an den Ort zu befördern, den Caligula aus sehr guten Gründen für sie ausgewählt hatte.

Du siehst, Nero, wie gut ich im Gegensatz zu unserem dummen Volk und zu unseren klugen Gelehrten von Messalina spreche. Und warum? Weil ich so denke.

»Aber«, wendest du ein, »Messalina war es doch, die Claudius dazu drängte, dich und Livilla wegen ehebrecherischer Unzucht vor dem Senat anzuklagen.« Unsinn. Messalina, habe ich gesagt, war unheilbar in Claudius verliebt. Unheilbarer – gäbe es einen Komparativ für das Wort –, unheilbarer war Claudius verliebt in Agrippina. Lieber Nero, ich wünschte, du könntest dies irgendwann an dir selber erkennen: Liebe ist nicht wie Sklaverei, sie ist schlimmer. Die Liebe raubt dem Menschen viel mehr von seinem Willen, von seiner Freiheit, als dies die erniedrigendste Form der Knechtschaft vermag.

Claudius konnte es ertragen, daß Agrippina mit seinem Finanzminister, dem Freigelassenen Pallas, schlief, mit Galba, dem ein Orakel für sein hohes Alter die Kaiserwürde prophezeit hatte. Er konnte es nicht ertragen, von ihren prallen, kirschroten Lippen beim Plausch vor oder nach der Umarmung immer wieder Gedanken und Sentenzen zu vernehmen, die er zuvor im Senat gehört hatte, und zwar aus dem Munde Senecas.

Wir waren gewarnt. Claudius hatte Livilla ziemlich unverhohlen damit gedroht, daß er uns den Prozeß machen, daß sie mit einer simplen Deportation nicht mehr davonkommen würde. Livilla nahm die Drohung nicht ernst, Claudius schlief ja weiter mit ihr. Er wollte aber, daß Agrippina kam, und es verärgerte ihn in wachsendem Maße, seinen Durst nach dieser bei der jüngeren Schwester stillen zu müssen.

»Soll er sich mit mir anlegen, nicht mit Livilla. Wenn er sich traut!« Das war Agrippinas Standpunkt in dieser Sache, die sich zuzuspitzen begann.

»Aber du bist ja nicht verheiratet wie ich, Agrippina«, war Livillas berechtigter Einwand, »wie will er eine Witwe wegen Ehebruchs anklagen, verrate mir das.«

»So werde ich heiraten«, zog Agrippina den Schluß, »schon, damit er dich nicht als Sündenbock hernimmt, weil er sich von mir doch noch etwas erwartet.«

Du glaubst es natürlich nicht, Nero, aber deine Mutter fragte mich allen Ernstes, ob ich sie heiraten wolle. Ich vermute, sie war nicht ganz nüchtern, als sie das vorschlug. Geschmeichelt hat es mir ungeheuer, in Frage kam es selbstverständlich nicht.

Galba wäre bereit gewesen. Unter der Bedingung, daß ich verschwinde. Also war auch er disqualifiziert. Was mir fehlte, um Agrippina heiraten zu können, der Stammbaum und das Vermögen, beides besaß mein Freund Gaius Sallustius Crispus Passenius.

Er war einfach der scharfsinnigste, schlagfertigste Mann in ganz Rom, von einem unglaublich trockenen und unfehlbar treffsicheren Humor, sah phantastisch aus, und er war – was Agrippina nicht gleichgültig sein konnte – eben sehr, sehr reich. Der einzige Schönheitsfehler bestand darin, daß er selbst verheiratet war, nämlich mit deiner Tante Domitia, die während der Zeit von Agrippinas Exil auf dich aufgepaßt hatte.

Er mußte sich also vorher scheiden lassen und konnte Agrippina erst heiraten, als Livilla und mir schon der Prozeß gemacht wurde. Die Senatoren waren etwas flotter im Dienst ihres Kaisers als dein Centurio, Nero, und ohne daß mir oder Livilla irgendeine Möglichkeit zu unserer Verteidigung gelassen worden wäre, hatten sie uns schon zum Tode verurteilt.

Das Kapitalverbrechen des Ehebruchs, an und für sich höchste Absurdität als das Gesetz gerade jener Herrscherfamilie, deren Promiskuität, deren inzestuöse Praktiken sprichwörtlich waren, hatte man bis dahin immer nur mit Verbannung, nie mit dem Tode geahndet. Was war Claudius nur für ein Mensch, daß er seine geliebte Nichte Livilla umbringen konnte? Dachte er wirklich, daß sie zwischen ihm und Agrippina stand? Agrippina, die den Mord an ihrer Schwester hinnahm, obwohl sie für den Rest ihres Lebens schwer daran trug, machte ihre Drohung, bei meinem Tod mir nachfolgen zu wollen, ihrem Onkel gegenüber so glaubhaft, daß mich Claudius verschonte. Ich wurde nach Corsica verbannt.

Agrippina verschob ihre Rache. Sie wurde, du weißt es, zu dem für dich günstigsten Zeitpunkt an Claudius vollstreckt. Fürs erste bestrafte sie Claudius dadurch, daß sie mit Passenius aus Rom verschwand. Wie man die Dinge aus der Entfernung zum eigenen Nutzen beeinflussen kann, hatte sie auf Pontia gelernt. Sie konnte sparsam bleiben mit ihren Küssen. Sie hatte Passenius' Geld, sich die Leute zu kaufen, die sie für wichtig hielt und für die Verwirklichung ihrer Pläne aufbauen wollte.

Die Zeit bis zu ihrer Rückkehr auf die politische Bühne gehört dir. Du hast Agrippina und deinen Stiefvater Passenius auf ihren schönen Reisen begleitet. Ich saß inmitten dumpfer Barbaren auf Corsica fest.

Ob Claudius Genugtuung darüber empfand, daß er mit der Hinschlachtung Livillas seinen Zweck so weit erreicht, Agrippina und mich auseinandergebracht hatte? Ich denke, es überwog der Schmerz darüber, daß Agrippina mir zwar nicht gefolgt, sich seinem Zugriff aber doch entwunden hatte. Er reagierte, wie es Männer häufiger tun, wenn das größte Liebesunglück sie trifft: Er zog in den Krieg.

Es ist dir bekannt, Nero, ich halte diesem Kaiser ungern etwas zugute. Claudius besaß im Senat weder echten Rückhalt noch wahrhafte Sympathien. Er konnte sich hier nur, wie bei dem Prozeß gegen Livilla und mich, auf das eingefleischte Kriechertum der Senatoren verlassen. Dem Militär verdankte er es, daß er Kaiser geworden war, und er verdankte ihm auch, daß er es blieb, bis Agrippina anders entschied. Bei den Legionen war er zuerst und vor allem der Bruder von Germanicus, und er hat sich dieses Ansehens bei der sogenannten Eroberung Britanniens halbwegs würdig erwiesen. Er führte in seinem Geburtsort Lugdunum keine Versteigerung durch, er ließ auch keine Wellen auspeitschen.

Den Krieg führte Aulus Plautius für ihn, der Veteran unter den römischen Feldherren, das Gegenteil von einem Draufgänger, ein erprobter Taktiker, dem die Gesundheit seiner Legionäre weit über die Triumphinsignien ging. Claudius muß man dafür loben, daß er ihm keine ehrgeizigen Feldzugspläne aufzwang und sich damit begnügte, ihm das, was er an Gerät und Mannschaften von ihm erbat, pünktlich zu beschaffen. Plautius sollte nur, sobald er jenseits des Oceans eine irgendwie ansehnliche Schar von Feinden gestellt und eingekesselt hatte, schleunigst Claudius herbeirufen, damit dieser das Kommando übernehmen konnte, um sich für den Sieg in der Schlacht wie der Bruder mit dem Imperatorentitel und dem großen Triumph in der Hauptstadt auszuzeichnen.

Daß er den guten Plautius damit nicht vor die leichteste Aufgabe stellte, war ihm durchaus bewußt, denn Claudius hatte natürlich Iulius Caesars Aufzeichnungen von dessen britannischen Abenteuern akribisch studiert. Erwartungsgemäß wichen die Britannier vor den Römern in ihre Wälder und Sümpfe zurück, und es dauerte Monate, bis Plautius eine Situation herbeiführen konnte, die solchen imperatorischen Ansprüchen halbwegs genügte. Er mußte den Feind heimlich mit Lebensmitteln versorgen, damit er in der Falle aushalten konnte, bis der Imperator in spe die Walstatt erreichte.

Daß bei der Schlacht nichts mehr schiefging, dafür hatte Plautius gesorgt. Ein Element von Wagemut enthielt dieser britannische Krieg aber doch. Claudius hatte von Plautius die Erlaubnis erhalten, jenseits des Oceans Elefanten einsetzen zu dürfen. Um die Britannier durch den Anblick der nie gesehenen Riesen einzuschüchtern, wie man den Bewohnern der Hauptstadt erklärte, die sich ungern von den Elefanten trennten. Daß er weder die Feldherrnkunst eines Iulius Caesar überbieten noch aus den Britanniern zivilisierte und Steuern zahlende römische Bürger machen würde, war Claudius klar.

Aber er wollte das alte Familiengespenst, die in den Wogen zwischen Gallien und Britannien ersoffene Legion, nicht wie Caligula beschwören, er wollte es überwinden.

Vergessen wir nicht, daß Claudius, bevor er Kaiser wurde, hauptsächlich als Priester fungiert hatte. Man fordert nicht wie Caligula die Götter zum Kampf, man erkauft sich ihre Gunst durch großzügige Opfer. Das Leben der Legionäre bei den Überfahrten sollte geschützt werden, indem man Neptun als Ersatz die Elefanten anbot.

Ein geeignetes Schiff hatte Claudius mit dem Fahrzeug, das von Caligula für den Transport der Obelisken von Ägypten nach Rom in Auftrag gegeben worden war. Ob die Elefanten auf die Britannier wirklich einen solchen Eindruck gemacht haben, weiß ich nicht. Neptun haben sie ganz offenbar imponiert. Er hielt die Wogen bei der Rückkehr im Januar so glatt, wie sie bei der Hinfahrt im August gewesen waren. Es ging nicht ein einziger Mann über Bord, es hatte nicht einmal einer von ihnen über Seekrankheit zu klagen.

Als der letzte Legionär wieder an der gallischen Küste gelandet war, hatte Claudius in der Tat einen bedeutenden Sieg errungen. Es gab jetzt ein Recht, die Schande des Germanicus zu verschweigen. Mag man Claudius dafür den Eroberer Britanniens nennen. Ich kann es nicht beurteilen, denn ich saß ja noch büßend auf meinem Felsen, aber die Gefangenen, die beim Triumph in Rom vorgeführt wurden, sollen einigermaßen echt ausgeschaut haben. Einen sonderlichen Gewinn für das Imperium vermag ich in der britannischen Eroberung nicht zu erblicken. Bei seinen Truppen hat diese Unternehmung Claudius' Prestige sicher befestigt.

Unzweifelhafter ist sein Verdienst am Ausbau des Hafens in Ostia. Der Transport des Getreides aus Ägypten in den Wintermonaten ist dadurch bedeutend sicherer geworden. Nicht nur die Versorgung der Stadt mit Lebensmitteln, auch die mit Wasser fand ich bei der Rückkehr aus dem Exil merklich verbessert. Das muß ich, wenn es mir auch schwerfällt, ebenso der Beharrlichkeit des Claudius bei der Wiederherstellung der imperialen Verwaltung, der sinnvollen und gemeinnützigen Anwendung der eingehenden Steuern und der kompromißlosen Umsetzung der sehr ins Große geplanten Bauvorhaben anrechnen.

Es müßten damit die Errungenschaften von Kaiser Claudius aufgezählt sein. Ich hoffe, ich habe keine nennenswerte von ihnen vergessen. Ich hatte ja schon einmal das zweifelhafte Vergnügen, sie auflisten zu dürfen. Du weißt Bescheid, Nero, die Trauerrede für Claudius, die ich dir schrieb und die weiter oben in diesem Text schon einmal erwähnt worden ist. Ich habe eben nach ihr gesucht, es scheint sich aber in meiner Bibliothek davon keine Abschrift erhalten zu haben. Das Original liegt bei dir in der Apollo-Bibliothek. Schaue bitte hinein, und trage gegebenenfalls nach.

Seine Schandtaten hingegen habe ich Claudius mit einem seltenen und völlig ungeteilten Vergnügen vorgerechnet. Das muß ich insofern heute als wenigstens *eine* Schandtat auch von meiner Seite bekennen, weil ich mit dieser Generalabrechnung erst herauskam, als er schon tot war.

Meine *Apocolocyntosis*, meine »Verkürbissung« dieses Kaisers, mit der ich seine Vergöttlichung leider nicht, wie beabsichtigt, verhindern konnte, enthält das genaue Verzeichnis der von Claudius zu verantwortenden Morde. Ich darf es mit diesem Verweis hier übergehen.

Die *Apocolocyntosis* war aber doch nicht ohne Bedeutung für das Gedächtnis, das wir diesem Kaiser bewahren, weil sie mit dem Märchen, das alles sei das Werk Messalinas und der Freigelassenen gewesen, Claudius habe das immer erst gemerkt, als es zu spät war, ein für allemal aufgeräumt hat. Ich verbessere mich: hätte aufgeräumt haben sollen. Denn dieser unsägliche Quatsch wird ja von den Geschichtsschreibern lustig weiterbehauptet, ganz als hätte ich die *Apocolocyntosis* niemals geschrieben.

Messalina und Narcissus waren für Claudius das, was Seianus für Tiberius gewesen ist. Sie brachten seine Widersacher zur Strecke, und Claudius tat hinterher so, als hätte man ihn zum Narren gehalten, ihn heimtückisch hinters Licht geführt, um auf eigene Rechnung zu morden. Ich mag Messalina sowenig bemitleiden, wie ich Seianus bemitleidet habe. Es ist das Schicksal von Auftragsmördern, daß der Auftraggeber an einem bestimmten Punkt gezwungen ist, sie ihren Opfern nachzuschicken, um Tabula rasa für die nächste Serie von Morden zu machen.

Jene Geschichtsschreiber, die uns nach wie vor Messalina und nicht Claudius als das eigentliche Monstrum vorführen möchten, legen großen Wert auf die Feststellung, er habe sie zu ihren skandalösen Seitensprüngen und Eskapaden immer wieder ermuntert. Dem ist so gewesen. Unbekannt ist diesen Autoren offenbar, daß Agrippina – und zwar auf Claudius' Wunsch! – sich zu wiederholten Malen beteiligt hat an diesem Spiel. Beispielsweise war ich Zeuge einer Unterredung, die sie mit Mnester geführt hat.

Der große Schauspieler zögerte, den Werbungen Messalinas nachzugeben, weil er glaubte, die Rache des Gatten und Kaisers fürchten zu müssen. Wie hat Agrippina ihn da überzeugt, daß er nur steigen konnte in Claudius' Gunst, wenn er es Messalina nach Kräften besorgte! Nebenbei schickte Agrippina ihre eigenen Liebhaber auch deswegen gerne zu Messalina, weil ihnen dann, wie sie sich ausdrückte, der Unterschied zwischen einer Frau und einem Huhn endlich auffallen mußte.

Was immer Messalina gewesen ist, klug war sie nicht. Sie hätte sich im Circus von Gladiatoren und Löwen gleichzeitig bespringen lassen können, Claudius hätte von der Tribüne darüber gelächelt. Ohne sich zu verstellen, wie betont werden muß! Messalina hat das gar nicht versucht. Sie sah vorher ein, daß sie, vollkommen gleich, wem sie sich hingab, Claudius' Eifersucht damit nicht erregte.

Claudius wollte ja, wenn er Männer dafür bezahlte, daß sie zu Messalinas Orgien gingen, nicht etwa seine eigene Eifersucht schüren. Er wollte einen Vorwand, sich auf eine für ihn ehrenhafte Weise dieser Frau entledigen zu können. Dieser Moment war aber lange verpaßt. Messalina wegen Ehebruchs anzuklagen hätte Claudius endgültig dem allgemeinen Gespött preisgegeben. Eine schärfere, schwerer wiegende Form des Ehebruchs war zu ersinnen. Das nahm eine Weile in Anspruch, denn das auf der Hand Liegende entdeckt man ja immer zuletzt.

Messalina mußte heiraten. So ist es geschehen, und keiner der besagten Geschichtsschreiber hat es zu fassen vermocht, daß ihre Heiratsurkunde die Unterschrift des Trauzeugen Claudius trägt. Weil sie eben zu bieder sind, diesen Gaukler zu durchschauen, der Messalina die Idee, Silius zu heiraten, selbst in den Kopf gesetzt hat.

Was Messalina sich dabei dachte, ist mir schleierhaft geblieben. Ich bin keine Frau und schaue nicht hinein in ihre Köpfe. Jedenfalls war sie unbekümmert, denn Claudius hatte ja unterschrieben, hatte sich strafbar gemacht, weil er einer verheirateten Frau den Segen für eine zweite Ehe erteilte. Ob er, als Silius und Messalina ihre Hochzeit mit dem halben römischen Adel als ihren Gästen in großer Feier begingen, wirklich in Ostia bei den Bauarbeiten zu tun hatte oder ob seine Abwesenheit in dieser sorgfältig bemessenen Entfernung von Rom nur zu seiner Inszenierung gehörte?

Zum Mitschreiben für die Historiker wurde Claudius in Ostia das unfaßbare Faktum berichtet: Seine Frau feierte Hochzeit mit Silius. Claudius wackelte stärker als sonst mit dem Kopf, zitterte mit der Hand, daß ihr der Bauplan für das neue Hafenbecken entglitt. Außer dem rechten Bein war plötzlich auch sein linkes gelähmt, als er diese Botschaft aufnehmen mußte. Seine Frau feierte Hochzeit mit Silius. Das ging, selbst bei der sprichwörtlichen Toleranz dieses Kaisers, doch nun wirklich ein Stückchen zu weit!

In diesem Sinne ist Claudius ein Stoiker gewesen: daß er nie etwas aus dem Affekt heraus unternahm. Auch nicht aus einem gespielten. Er beriet sich mit seinem Stab. In der Einschätzung der Lage stimmte man überein. Gefahr für den Staat und das Leben des Kaisers war in Verzug, eine Befragung des Senats nicht mehr möglich. Messalina, Silius, wen sonst man bei der hochverräterischen Hochzeit antreffen würde, waren zu ergreifen und unverzüglich zu töten.

Geta, der damalige Praetorianerpraefect, zierte sich. Nicht ganz unerwartet. Immerhin war Messalina die Kaiserin. Er wolle in den Annalen nicht als deren Henker erscheinen. Claudius merkte sich das, hielt sich aber nicht damit auf. Ob Geta bereit wäre, den Befehl über die Praetorianer für die Dauer von vierundzwanzig Stunden abzutreten an … An Narcissus? Dazu war Geta bereit. Auf nach Rom also, zum fröhlichen Schlachten. Die Hochzeitsgesellschaft war bei Ankunft der von Narcissus angeführten Praetorianer nicht mehr ganz vollzählig. Sie hatten eine Warnung erhalten. Ein gewesener Sklave als Befehlshaber der Garde! So etwas war unter Claudius möglich!

Messalina hatte sich in die Gärten des Lucullus geflüchtet. Man fand sie dort in Begleitung ihrer Mutter, mit einem Dolch mal auf die Schlagader am Hals, mal auf die Brust über dem Herzen drückend. Ihre Mutter redete ihr zu, aber Messalina brachte die Kraft, die Ehre mit in den Tod hinüberzuretten, nicht zusammen. Es war der Tribun der Garde, der es mit seinem Schwert für sie erledigen mußte.

Agrippinas Geduld und Zurückhaltung wurden belohnt, endlich war dies Hindernis aus dem Weg. Die Tür zu Claudius stand sperrangelweit offen.

Bis hierhin habe ich die Dinge sämtlich in ihrer Reihenfolge berichtet. Laß mich ausnahmsweise etwas nachtragen, Nero. Agrippina war nämlich nach Rom zurückgekehrt, auf Roms politische Bühne, und dieser Auftritt wird Claudius veranlaßt haben, seine Frau so rasch wie möglich von der Bühne des Lebens zu stoßen. Dem Volk ist das Ganze als eine Machtprobe zwischen Agrippina und Messalina erschienen.

Ich spreche von den Saecularfeiern, die Claudius veranstalten ließ. Eine übertriebene Sucht nach

Spielen und Massenspektakeln, wie man sie von Caligula kannte, kann diesem Kaiser nicht zum Vorwurf gemacht werden, auch wenn Claudius dem Kalender etwas nachhelfen mußte. Es waren seit den Saecularspielen unter Augustus längst keine hundert Jahre vergangen.

Wenn nicht Agrippina aus dem Hintergrund Claudius zu dieser Veranstaltung gedrängt haben sollte, wußte sie dieselben wenigstens auf eine Weise für sich zu benutzen, die als Vorgriff auf ihre Machtübernahme angeschaut werden darf. Zu den Saecularfeiern gehört das Troia-Spiel, das von adeligen Knaben zu Pferd aufgeführt wird. So kam es, daß dem Volk im Circus erstmalig der Sohn von Claudius und Messalina, Britannicus, und der Sohn der Agrippina, der Enkel des Germanicus, du, Nero, vorgestellt wurden.

Wenn du dich aus dieser Zeit an sonst nichts erinnern solltest, daran erinnerst du dich gewiß: Du hattest den Jubel der Menge auf deiner Seite. Du wirst es schon damals der Göttlichkeit deiner holden Erscheinung zugeschrieben haben. Ich will dich nicht enttäuschen, wenn ich dir sage, daß der Effekt durch die zahlreiche Klientel, die deine Mutter zwischenzeitlich aufgebaut hatte, zustande gebracht war. Weder dir noch Britannicus wird es dabei entgangen sein, daß ihr als Stellvertreter für eure Mütter miteinander fochtet.

Agrippinas alter und neuer Anhang sorgte aber nicht nur im Circus für eine Stimmung zu deinen

Gunsten, er brachte auch die Legende in Umlauf, Messalina habe dir die Schlange ins Bett legen lassen, die du aber davon abhalten konntest, dich durch ihren Biß zu vergiften. So etwas ist ein schöner Gesprächsgegenstand für die Subura, und du selbst glaubst wohl am festesten an dies bei den Ammen höchst beliebte Märchen und trägst den goldenen Reif, in den Agrippina dir die Schlangenhaut einfassen ließ, bis heute an deinem Arm.

Zwei Kleinigkeiten standen der Hochzeit von Agrippina und Claudius doch noch im Wege. Passenius und das Gesetz. Über die Lösung, die für Passenius gefunden wurde, will ich hier Stillschweigen üben und bitte auch dich, dasselbe nach meinem Tod zu bewahren. In Rom wurde er für tot erklärt.

Das Gesetz, das die Ehe zwischen Onkel und Nichte verbot, zeigte sich ebenfalls als eine überwindbare Hürde. Claudius, der seine Gründe besaß, sich nicht vollständig auf das Duckmäusertum im Senat zu verlassen, hatte sich selbst das Amt des Censors übertragen und eine großangelegte Säuberung der Kurie durchgeführt. Viele seiner Gegner hatten die Gelegenheit genutzt, ihren Sitz im Senat aufzugeben, und sich so aus der vordersten Linie entfernt, in welche die Wurfgeschosse Messalinas und Narcissus' am häufigsten einzuschlagen pflegten. Die frei gewordenen Plätze waren sämtlich mit Kreaturen des Claudius aufgefüllt worden, und so konnte er es sich inzwischen gestatten, dem Senat zu Beratung und Beschluß ein Gesetz vorzulegen, das die Ehe zwischen so nahen Blutsverwandten erlaubte. Es fehlte in der betreffenden Sitzung nicht an den peinlichen Subjekten, die eidlich beteuerten, sich das Leben nehmen zu wollen, falls Claudius Agrippina *nicht* heiraten sollte.

Claudius stand noch einen Schritt entfernt von der Verwirklichung seines größten Lebenstraums: Agrippina, vielleicht nicht im Herzen, aber doch in seinem Bett und in den Augen der Welt zu besitzen. Zwei Bedingungen waren da noch, die Agrippina erfüllt haben wollte, bevor sie ihn zu ihrem dritten Ehemann machte. Eine der beiden betraf dich, die andere mich.

Claudius mußte dich adoptieren und dich zusätzlich, damit du dem Britannicus mehr als nur gleichgestellt wärest, mit dessen Schwester Octavia verheiraten. Das gestand Claudius liebend gern zu. Was wollte er jetzt noch mit dem Sohn einer Frau, die als überführte Feindin des Staates ihrer verdienten Strafe zugeführt worden war? Wenigstens brachte es Vorteile für Octavia, wenn ihre Stiefmutter zugleich ihre Schwiegermutter wurde.

Die zweite Bedingung war die Kröte, an der Claudius sehr lange zu würgen hatte, bis er sie endlich schluckte: Seneca muß zurück nach Rom, und er wird Neros Erzieher.

XIII

Freue dich nicht zu früh, Nero. Ich fürchte mich vor dem Leben ebensowenig wie vor dem Tod.

Du glaubst, es fiele mir schwerer, die Erzählungen von Agrippinas Leben vor ihrem Tod abzubrechen, als es mir fällt, das eigene zu verlassen? Es gibt dieses »vor der Zeit« nicht, ich habe es immer wieder betont. Statius und Crispinus wollen jetzt warten, bis dein Centurio kommt, und sollte ich sie dabei überleben. Vielleicht ist das richtig so. Ich beuge mich dem Wunsch meiner Freunde.

Ich mußte auch eine Bedingung erfüllen. Das hatte Claudius so von Agrippina verlangt. Ich mußte feierlich geloben, auf jegliche Art von intimem Verkehr mit der Kaiserin zu verzichten. Ich glaubte, diese Klausel akzeptieren zu können, wenn ich nur wegkam von diesem schrecklichen Eiland, auf dem ich die besten Jahre meines Lebens versäumte. Auf der Trireme, mit der ich von Corsica abgeholt wurde, fragte ich mich, ob ich diesem Verzicht auf Agrippinas Körper nicht ein wenig vorschnell zugestimmt hatte. Wie sollte ich ihr widerstehen, wenn sie mich zu unseren alten Spielen einlud? Nach all den Jahren mit Steinen und wilden Tieren als meiner Gesellschaft!

Deine Mutter hatte sich von Grund auf verändert seit ihrer Heirat mit Claudius. Der Senat hatte sie zur Augusta erhoben, und sie bestand darauf, mit dieser Formel angeredet zu werden. Mir erschien der Empfang, den sie mir zuteil werden ließ, frostig und steif.

Es war dieselbe Stimme, die zu mir sprach, aber sie betonte jetzt anders. Es waren noch dieselben Augen, aber sie schauten nicht mehr wie früher. Wahrscheinlich hätte ich sehr laut auflachen müssen, wäre ich auf jener Sitzung zugegen gewesen, auf welcher die Senatoren die Vorteile einer Eheschließung des Princeps mit seiner Nichte anpriesen. Sie hatten einander darin überboten, den sittlich vorbildlichen Wandel Agrippinas zu loben.

Das Lachen wäre mir spätestens hier vergangen, als ich sie nach so langer Zeit wieder von Angesicht zu Angesicht sah. Ihr Körper hatte sich so gut wie überhaupt nicht verändert, hatte nur hier und dort ein klein wenig Fett angesetzt, und doch schien er mir jetzt um das Fünf- oder Zehnfache schwerer als früher. Zwei, drei neue Fältchen entdeckte ich in ihrem Gesicht. Wenn man ganz, ganz genau hinsah, konnte man in ihrem blonden Schopf einzelne weiße Härchen ausmachen, und doch schien sie mir um Jahrhunderte in das hohe Alter einer ägyptischen Gottheit gereift. Warum hatte sie mich von der Insel geholt? Was wollte sie überhaupt noch von mir? Vertraulichkeit jedenfalls nicht. Sie kam mit keiner Silbe auf unser früheres Verhältnis zu sprechen.

»Rom braucht dich, Seneca«, begann sie, an mich ihre Rede zu richten, und ich erinnere mich noch gut, wie ich unter diesen Worten zusammenzuckte, als hätte mich in einer Schlacht der Streich eines Feindes getroffen. Wie? dachte ich, Rom braucht mich? Und du, Agrippina, brauchst mich etwa nicht?

»Bereite dich vor, Verantwortung für den Staat zu übernehmen.«

Ausgerechnet das. Philosoph wollte ich sein, anderes nicht. Ob ich nicht besser bei den Jägern und Hirten geblieben wäre?

»Lernen, Seneca, wirst du es, indem du es lehrst. Es ist der Wille der Götter, wie er sich in Orakeln kundgetan hat, es ist der Wille des römischen Volkes und seines Senats, es ist vor allem der Wille meines Gatten und regierenden Kaisers, daß ihn mein Sohn Nero beerbt.« Davon, daß es vielleicht auch ihr Wille sein könnte, davon schwieg Agrippina. »Wir opfern den Göttern und beten zu ihnen, daß sie unseren Kaiser Claudius lange am Leben erhalten. Nicht auf kindliche Schultern wie bei meinem Bruder, nicht auf Schultern, die ungeübt sind im Tragen, soll die konzentrierte Macht des Imperiums fallen. Neros Geist muß wachsen, muß die Kräfte entwickeln, die nötig sind, um der Last der Macht standhalten zu können. Claudius trägt sie nicht schlecht, diese Macht, und doch ist er nicht unglücklich darüber, daß ich an die Stelle aufgerückt bin, an welcher ich ihm einen Teil der Last abnehmen kann. Und sei es nur die Sorge darum, wer das Werk, das er begonnen hat, fortsetzen wird.

Nero hat nicht genügend Achtung vor unserem Kaiser, ja, er läßt es an Dankbarkeit fehlen dafür, daß Claudius ihn adoptierte, ihn mit seiner Tochter Octavia verheiratet hat. Nero verweigert die Anrede ›Vater‹, nennt Claudius nach der alten Gewohnheit immer nur ›Onkel‹. Ich habe Claudius mehrfach gebeten, strenger mit Nero zu sein. Er kann nicht, er will nicht. Er hält Nero stets nur den kleinen Britannicus vor als das Musterbeispiel eines braven, gehorsamen Sohnes.

Nero braucht einen Mann, zu dem er aufschauen kann. Ich richte es so ein, daß Claudius und Nero möglichst wenig Zeit miteinander verbringen. Es ist so viel an Nero, das mich, manchmal angenehm, meistens unangenehm, an meinen Bruder erinnert.« Du weißt inzwischen, warum das so ist. »Nero darf nicht ein zweiter Caligula werden. Er soll weg von den Schauspielern, von den Wagenlen kern und Gladiatoren. Er soll hin zu den gebildeten Männern. Er zeigt so viele gute Anlagen, so viel Gefühl für die Kunst. Er malt, ist geschickt mit dem Meißel am Marmor, übt stundenlang eingeschlossen im Zimmer auf seiner Kithara. All das sollten wir fördern. Ich verspreche mir viel von deinem Einfluß auf Nero. Aber verstehe mich gut. Wenn ich dich ihm zum Lehrmeister bestimme, wünsche ich nicht, daß er ein zweiter Seneca wird. Da wäre es schon besser, wenn er ein zweiter Caligula würde. Nichts von Philosophie. Du weißt, was ich meine.

Ein Weiser zu sein, sich selbst zu genügen, das konnte dir helfen, die harte, entbehrungsreiche Zeit in der Verbannung zu meistern. Es kommen jetzt andere Zeiten. Die Weisheit taugt vorzüglich dazu, das eigene Leben zu regieren, nicht das Unglück, aber das übermäßige Leiden an ihm zu vermeiden. Wir haben aber jetzt nicht mehr uns selbst, wir haben einen Staat zu regieren.«

Vorläufig regierte Claudius noch ein bißchen mit. Wie dankbar er Agrippina dafür war, daß sie sich ihm zur Seite gestellt hatte, bezeugte er ihr auf besonders schöne Art, als er in dem Jahr, das auf ihre Hochzeit folgte, unter dem Consulat des C. Antistius und des M. Suillius, an ihrem Geburtsort, der Siedlung der Ubier, die Colonie von Veteranen anpflanzte, die den Namen der Kaiserin trägt.

Hätte man alle, die sich meldeten, als es bekanntgemacht wurde, hinziehen lassen, die Colonia Agrippinensis wäre zur Hauptstadt des Imperiums geworden. Eigentlich war es ja Claudius, der mit solcher Vorliebe den Censor spielte, an halbzivilisierte Provinzler das Bürgerrecht mit einer Großzügigkeit verlieh, daß die Zahl römischer Bürger sich vervielfachte unter seiner Regierung, aber die Auswahl der Neubürger in Agrippina, die durftest du treffen, Nero. In Abstimmung mit deiner Mutter, wie sich versteht. Und ich sprach auch noch ein Wörtchen mit.

Es gibt wenig, was ich mir mit größerem Wohlbehagen in die Erinnerung rufe als jene Einmütigkeit bei der Beurteilung der zahllosen Bewerber, wie sie damals bestand zwischen dir, deiner Mutter und mir. Das war diese nach Morgen duftende Luft, mit der sich ein neu hereinbrechendes Zeitalter ankündigt. Die Einigkeit nicht mehr herstellen, indem man gemeinsam einen anderen Menschen verwirft, um ihn dann narcissisch-messalinisch aus der Gesellschaft zu tilgen. Nein, sich erfreuen an der gemeinschaftlichen Entdeckung genau jener Tugenden, die den Menschen den Weg in eine lichtere Zukunft eröffnen! Ich glaube, wir dürfen uns gratulieren zu der Auslese, wie sie uns damals gelang. In den fünfzehn Jahren, die seither verstrichen sind, hat man aus der Colonia Agrippinensis ausschließlich Erfreuliches vernommen.

Fröhlich ging's zu, das wirst du mir aus deiner Erinnerung bestätigen können, als wir mit den künftigen Coloniern den Rhein hinabfuhren, um den Ort feierlich auf den Namen deiner Mutter zu weihen.

Für dich muß die Reise schon deswegen großartig gewesen sein, weil du bei der Einweihung die Festrede vor den Coloniern halten durftest. Sie war sehr heiter, stellenweise komisch und die Menge so begeistert von deinem Stil, daß sie dich, halb noch scherzhaft, halb schon im Ernst, als den kommenden Kaiser begrüßten.

Das wurde im darauffolgenden Jahr, unter dem

fünften Consulat des Claudius und unter dem des S. Corneleius, auch für die Römer bestätigt. Der Senat beschloß vorzeitig die Männertoga für dich, designierte dich mit Antritt des zwanzigsten Lebensjahres zum Consul, verlieh dir den Titel »Führer der Jugend«, ließ in deinem Namen Geld an die Soldaten, an das Volk Getreide verteilen.

Die Regierung des Claudius zerfällt ziemlich genau in zwei Hälften, in die Regierung der Messalina und in die der Agrippina. Meine Wahrnehmung war zwangsläufig anders, denn die Messalina-Zeit kroch mir in der Verbannung im Schneckentempo dahin, die Agrippina-Zeit verging mir wie im Fluge, da ich Tag für Tag zu ihr das Meinige beitragen durfte.

Die Lebenserwartung der Senatoren stieg deutlich an, sobald Agrippina Messalina ersetzte. Auch wenn sie weiterhin fest zu Pallas hielt, war es ihre Politik, den Einfluß der Freigelassenen einzudämmen und den Senat aufzuwerten, indem sie viele der Kompetenzen, die von den Vätern teils freiwillig, teils genötigt an Tiberius und Caligula abgetreten worden waren, wieder in dessen Bereich verlegte. So waren diese Ehrungen für dich gleichzeitig ein Wink an Claudius, daß er sich überlebt hatte in seiner Regierung.

Der Senat war also eingeschwenkt auf die von Agrippina vorgeschriebene Richtung, aber bei den Praetorianern stimmte es noch nicht so ganz. Agrippina wollte sie als schlagkräftige Waffe in ihren Händen. Die Praetorianer sollten wieder unter dem Kommando eines einzigen Mannes stehen, natürlich eines solchen ihres Vertrauens. Claudius hätte sich dagegen auflehnen können. Es hätte sein Ende beschleunigt. Indem er es hingehen ließ, war dieses sein Ende zumindest beschlossene Sache.

Zum alleinigen Praefecten der Garde wurde Burrus Afranius bestellt.

Ich habe dich angebetet, du weißt es. Ob umgekehrt du zu mir aufgeschaut hast, wie sich Agrippina das wünschte? Du warst wißbegierig. Du konntest bewundern. Wenn ich dir Homer, Pindar, Aischylos näherbringen konnte, fiel bestimmt auch für mich etwas ab. Du wolltest wetteifern mit den großen Vorbildern, die ich dir aufrichten konnte. Du warst selig, wenn ich etwas zu loben hatte an deinen Gedichten, empfindlich, aber doch einsichtig für das, was ich tadeln mußte. So hast du gelernt, es besser und immer besser zu machen.

Für Burrus, für Pallas, für mich war es tägliche Freude, dich fortschreiten zu sehen. Es wuchsen die Sympathien dir zu von allen Seiten, vom Senat, von der Garde, vom Volk. Mußte Claudius nicht eifersüchtig werden auf dich? Hätte Agrippina es ausgleichen sollen? Sie versuchte es. Der Wein ist gefährlich, ich sage es immer. Claudius hatte getrunken, als es zwischen ihm und Agrippina zu einem Wortwechsel kam. Ihre Fürsorge für Britannicus sei die reine Heuchelei, warf er ihr vor. Hätte Agrippina sich verteidigen sollen? Claudius trank weiter und verschärfte noch seinen Ton ihr gegenüber. Sie habe ihm die Macht aus den Händen genommen. Was sollte sie dagegen sagen? Es stimmte. Sie sei nicht seine erste Frau und es sei bei ihm und den Frauen stets so gewesen, daß er sich zu Anfang wohl habe unterdrücken lassen von ihnen, aber stets sei auch der Punkt gekommen, an dem sich das Verhältnis umgekehrt habe. Du warst erst siebzehn, und Agrippina hätte ihm wohl noch ein paar Jährchen gegönnt, aber auf diese Drohung hin mußte sie handeln. Claudius war ein Fall für Locusta geworden. Die Blödigkeit dieses Kaisers war nie etwas anderes als das vortrefflichste Mittel, seine nähere und weitere Umgebung zu täuschen. Eine Riesendummheit hat er tatsächlich begangen, weil er Locusta am Leben ließ, ohne je ihre Dienste in Anspruch zu nehmen.

Claudius hatte vom Schicksal seines Bruders und von dem des Tiberius zu genaue Kenntnis, um ihn am gleichen Gift sterben zu lassen. Auch wünschte Agrippina nach seinem betrunkenen Auftritt, rasch Schluß zu machen mit ihm, weshalb sie sich mit Locusta für etwas Schnellwirkendes entschied. Zupaß kam, daß Claudius bekanntermaßen ein großer Liebhaber von Pilzgerichten aller Art war.

Locusta machte es sich zur Ehre ihres Handwerks, Agrippina eine Essenz zu liefern, die ausschließlich aus von ihr selbst gesammelten Giftpilzen extrahiert war und in der Dosis weniger Tropfen innerhalb von Minuten den Tod herbeiführte. Das machte es dem Verschnittenen Halotus, der wie gewohnt den Princeps beim nächsten Gastmahl bediente, leicht, das Mittel nach dem Vorkosten auf das, was er Claudius reichte, zu träufeln. Es mußte nur acht darauf gegeben werden, den Kaiser aus der Gesellschaft zu tragen, solange er noch zuckte.

Man kannte derlei Unpäßlichkeiten bei ihm, und da Claudius alles andere als ein blendender Unterhalter und Witzeerzähler war – gewesen war, mußte man zu diesem Zeitpunkt schon sagen –, fiel es kaum auf, daß er für den Rest des Abends fehlte. Ja, die Gäste der kaiserlichen Familie amüsierten sich sogar besser als gewöhnlich, weil die Augusta vor guter Laune und Esprit nur so sprühte.

Bei Claudius war Xenophon, sein griechischer Arzt, der jetzt über seinen Tod ebenso sorgsam wachte wie all die langen Jahre über seine Gesundheit. Hätte sich wider Erwarten das Mittel der Locusta als unzuverlässig erwiesen, hätte er nachhelfen und Claudius als Brechreiz die vorbereitete Feder, die in das Gift eingetaucht worden war, in den Hals stecken müssen. Außerdem hatte er strenge Order von Agrippina, niemanden in das »Kranken«-Zimmer zu lassen, vor allem nicht Britannicus oder Octavia.

Es gab da noch etliche Kleinigkeiten, die für deine Inthronisation arrangiert werden mußten, was Agrippina schicklicherweise nicht unter den Augen des lebendigen Princeps hätte vornehmen können. Xenophon präparierte mit Balsam und Binden die Leiche so, daß sie für einige Tage in dem Zimmer aufbewahrt werden konnte, ohne Geruch zu entwickeln.

Am nächsten Tag wurde erst einmal der Senat einberufen, um ihn von der sehr ernsthaften Erkrankung des Kaisers in Kenntnis zu setzen. Gemeinsam mit den Priestern wurden für Claudius' Genesung von den Senatoren Opfer gebracht und Gebete gesprochen. Zugang zu dem Zimmer, in dem er lag, gewährte Agrippina außer Xenophon nur dir. Am vorletzten Tag seiner »Krankheit« wurde noch eine Ausnahme gemacht, die all jene ein wenig befremdete, die den Princeps etwas näher kennengelernt hatten.

Es hieß, sein Zustand habe sich leicht gebessert und er habe nach bestimmten Schauspielern verlangt, die ihn mit spaßigen Szenen aufheitern sollten. Es ist albern, Nero, wenn ich es dir erzähle, zu welchem Zweck sie von Agrippina in Claudius' Sterbezimmer bestellt wurden, denn schließlich habe ich diese Geschichte von dir. Sie gaben dir Ratschläge für deinen ersten Auftritt als Kaiser und übten bestimmte Haltungen, Gänge und Gesten mit dir. Agrippina hatte wirklich an alles gedacht.

Ich schrieb schon an der Trauerrede. Ich mußte mich mit dieser Arbeit nicht hetzen. Agrippina hatte mich eingeweiht, daß der offizielle Tod und der Thronwechsel erst für den 13. Oktober vorgesehen waren. So schrieb ich abwechselnd an dieser Rede für dich und an meiner *Apocolocyntosis*. Wie oft habe ich mir deswegen den Vorwurf der Doppelzüngigkeit anhören müssen! Ich habe die Gründe genannt, die mich veranlassen, hier nach meinem Vermögen ein getreues Bild deiner Mutter zu zeichnen, nicht meine letzte Stunde am Schreibpult auf die Rechtfertigung oder Verdammung meiner eigenen Handlungen zu wenden. Ich will mich mit der Bitte an meine Kritiker begnügen, sorgfältiger zu bedenken, ob es nicht vielleicht klug und nützlich ist, die Leistungen und die Verbrechen eines Herrschers in getrennten Registern zu sammeln.

Xenophon stellte nach Ablauf der für das Publikum auf sechs Tage verlängerten Agonie den Exitus des Patienten fest. Nun wurde auch Burrus hineingelassen, um sogleich gemeinsam mit dir wieder herauszutreten. Seine kleine, gleichfalls von mir verfaßte Ansprache an die Kohorte hat Burrus ohne Nachhilfe der Schauspieler so überzeugend gehalten, daß sie in den »Heil Nero!«-Rufen förmlich erstickte.

Du hättest dich lieber auf den Schultern der Praetorianer zur Kaserne tragen lassen, aber Agrippina hatte eine Sänfte für würdevoller gehalten. Burrus und ich waren auch für die Sänfte gewesen. Nachdem von Agrippina die Spannung so kunstvoll gesteigert worden war, hätte dich ohne diesen Schutz die Menge im Jubel der endlich herangekommenen Stunde unweigerlich in Stücke gerissen. Die Sänfte hatte allerdings den Nachteil, daß einige Ewiggestrige glaubten, Britannicus säße darinnen, und man hörte auch die entsprechenden Rufe.

In der Kaserne konntest du den Effekt, den dein Vorgänger, dessen jetzt doch üble Gerüche verströmender sterblicher Rest eben zum Scheiterhaufen gebracht wurde, bei dieser Gelegenheit erzielt hatte, nicht mehr erreichen. Die Praetorianer wußten bereits, daß du wie Claudius einem jeden von ihnen 15 000 Sesterzen zum Geschenk machen würdest. Der Jubel, als du es versprachst, war also gekünstelt und klang sogar ein wenig enttäuscht, weil einige wohl heimlich damit gerechnet hatten, daß Agrippina für den eigenen Sohn den Betrag noch etwas aufstocken würde.

Statt dessen griff Agrippina für Begräbnis und Vergöttlichung ihres Claudius noch tiefer in ihre Schatullen, als Livia das für ihren Augustus getan hatte. Oberste Priesterin des Kults von Gott Claudius wurde, wie sich verstand, Agrippina oder Iulia Augusta, wie sie sich immer häufiger nannte. Das war die erste Kritik an deiner Mutter, die wir im engeren Kreis von dir hörten, daß sie dein Geld verplempere für das Gedächtnis eines Kaisers, den man eher dem allgemeinen Gespött und baldigster Vergessenheit preisgeben als vergöttlichen sollte.

Ich hätte dir damals nicht beipflichten dürfen, oder sollte wenigstens heute nicht eingestehen, daß ich es tat. Denn das wäre ein solcher Widerspruch mehr, wie sie bestimmte Leute so gerne an mir entdecken. Habe ich nicht als jemand, der diesen Kaiser und seine Regierung vergessen machen wollte, von Claudius viel, viel zu ausführlich berichtet?

XIV

Sprechen wir also nun von dir, Nero, von deiner Regierung und von deinem Verhältnis zu Agrippina.

Wie habe ich es wenig später ausgedrückt in jener Schrift, die ich vor dieser hier nur für dich und nur für deinen Gebrauch verfaßte? Wort für Wort erinnere ich sie, obwohl sie für meine Verhältnisse recht lang ist. »Nie war ein Mensch dem anderen so lieb wie Nero dem römischen Volk.« Und das war zutreffend, mein Lieber.

Eben wollte ich dem Widerspruch entfliehen, schon habe ich mich in den nächsten verstrickt. Den angeführten Satz wenigstens hatte ich nicht so ganz ausschließlich für dich geschrieben. Es steckte ein Nebensinn darin, den Agrippina herauslesen sollte. Daß meine Liebe zu ihr nicht so groß gewesen war wie jetzt die Liebe des römischen Volkes zu dir. Das sollte sie wissen, denn obwohl ich mich gut und glücklich verheiratet hatte, litt ich doch darunter, daß ihre alten Gefühle für mich nie wieder aufflammen wollten.

Burrus und ich, wir hatten damit gerechnet, daß deine erste Reaktion auf deine neue Macht und deine neue Würde darin bestehen werde, dir einen Abstand zu deiner Mutter zu schaffen. Ich könnte Burrus' und meine Klugheit und Weitsicht rühmen, weil es, wie wir es vorausgesagt hatten, haargenau eintraf. Mehr und größerer Ruhm gebührte dann aber der Klugheit und Weitsicht der Agrippina. Schließlich hatte ja Agrippina uns beide zu deinen Beratern und Vertrauten gemacht, weil sie viel genauer als wir die Notwendigkeit dieser Krise erkannt, mit Burrus und mir die Mittel zu ihrer Bewältigung eingesetzt hatte, lang, lang bevor sie entstand.

Ausgelöst wurde dies erste heftige Zerwürfnis zwischen Agrippina und dir wie das spätere, das uns in die Katastrophe geführt hat, durch eine Liebschaft. Eine Freigelassene hatte es dir angetan. Acte. Es war dir klar, daß deine Mutter dies Verhältnis nicht gutheißen konnte. Du weißt, da du bis hierhin gelesen hast, warum Agrippina mit all ihrer Macht darauf drängte, daß die Ehe, die sie zwischen Octavia und dir gestiftet, sich auch vollzog. Nur eine Vollschwester hätte sie dir noch energischer empfohlen als deine Cousine und Stiefschwester.

Du dachtest gar nicht daran, sie zu schwängern. Ich riet dir, es zu erledigen wie eine der sonstigen lästigen Verpflichtungen, wie sie sich nun einmal mit der Kaiserwürde verbinden. Agrippina hätte dann Ruhe gegeben, und du hättest deine Lust befriedigen können, wo immer es dich hinzog. »Aber sie ist doch ein Kind! Was soll ich mit ihr?« Ich höre noch deine Worte. Dem war schwer etwas entgegenzuhalten, höchstens Agrippinas »Dann mußt du warten, bis sie alt genug ist«.

Wie wollte sie Geduld von einem Menschen erwarten, den sie mit noch nicht siebzehn Jahren zum Princeps gemacht hatte? Du dachtest gar nicht daran, weiter auf irgend etwas zu warten. Du hattest dich in Acte verguckt, wolltest sie besitzen. Mein Problem war, daß ich es dir nachfühlen konnte. Ich bin auch einmal siebzehn gewesen.

Es war ja auch für mich ein ganz neuer Zustand, nachdem durch Agrippina der Schatten des Claudius zwischen uns und der Sonne entfernt worden war. Dafür zu sorgen, daß der Glanz deiner Macht dich nicht blendet. Das hört sich gut an, aber ich war zunächst vollauf damit beschäftigt, mich selbst nicht blenden, mich nicht verführen zu lassen von den Möglichkeiten, die sich mir eröffnet hatten. Deshalb dauerte es eine Weile, bis ich dir auf die Schliche kam.

Dein Versteckspiel war von einer Ausgepichtheit, die weder Agrippina noch Burrus noch ich dir zugetraut hätten. Es war mein Freund und Vetter Annaeus Serenus, dem ich meine Schrift von der Ausgeglichenheit der Seele gewidmet habe, der von dir angestiftet war, in den Augen des Hofs den Schein zu erwecken, er sei der Liebhaber deiner Acte. Ich sah Serenus gern in deiner Gesellschaft, Agrippina dich gerne in seiner. Sie hatte schon unter Claudius damit begonnen, meine sämtlichen Verwandten in wichtige Ämter zu setzen, und diese Beförderungen wurden jetzt, da sie frei schalten konnte, weiter beschleunigt.

Ich sah auch Serenus gern mit Acte, obwohl sie nur eine Freigelassene war. Das heißt, ich ließ mich täuschen von deinem Spiel. Hätte Serenus mich nur zeitiger eingeweiht! Es wäre besser für uns alle gewesen, du hättest Acte von Anfang an offen zu deiner Geliebten erklärt. Von dir hinters Licht geführt worden zu sein, mußte Agrippina doch noch stärker empören als deine Mißachtung der Pflichten, die sie dir mit der Heirat auferlegt hatte.

Außerdem zeigte ihr dein Versteckspiel dein schlechtes Gewissen und deine anhaltende Furcht vor ihr. Schließlich steht eurer Sippe spätestens seit Tiberius auf die Fahne geschrieben, daß man eher darauf verzichten kann, geliebt zu werden, als darauf, gefürchtet zu sein. Hättest du Acte vor ihren Augen geliebt, hätte sie das womöglich als eine bedauerliche, aber korrigierbare Verirrung deiner Jugend entschuldigen können. Man hätte sie zum Beispiel auf ihre eigene Lässigkeit bei der Auswahl ihrer Bettgenossen hinweisen können. So war es eine Provokation, die Gegenmaßnahmen von ihr verlangte.

Was, fragte sich Agrippina, hat diese Gans von einer Freigelassenen meinem Nero zu bieten, was ich ihm nicht selbst doppelt und dreifach zu bieten vermag? Oder sollte der kleine Nero seine Ansprüche höher geschraubt haben als ein Caligula, der Meisterschüler eines Tiberius war?

Mich hat es sehr verstimmt, daß dich Agrippina verführte. Vielleicht war mein moralisches Entsetzen mehr eine Maske, mit der ich auch vor mir selbst meine Eifersucht tarnte, aber ich verfiel in eine innere Raserei, die nicht eben stoisch genannt zu werden verdient. Schließlich wurde ich nur dadurch etwas ruhiger, daß ich eine Oedipus-Tragödie für dich zu schreiben begann. Es ist neben dem Orest eine deiner Lieblingsrollen geworden.

Ob Agrippina im Sinn hatte, dir, da du Octavia verschmähtest, deinen Nachfolger selbst zu gebären? Ich habe, als ich ihre Erinnerungen las, so etwas vermutet. Wahrscheinlicher ist, daß sie, sollte sie dich erst einmal zum Gefangenen ihrer Schenkel gemacht haben, wie früher Livilla jetzt Octavia zuziehen wollte, deinen Samen auf solche Weise doch noch dahin zu lenken, wohin er ihrer Meinung nach gehörte.

Man konnte manchmal solche Dinge mit Agrippina recht unbefangen besprechen. Ich wünschte eine solche Aussprache nicht. Sicher ist aber, daß sie mich ausgelacht haben würde, hätte ich ihr vorwerfen wollen, daß sie dir schweren seelischen Schaden zufügt, wenn sie dich in ihr Bett zieht. Ich sehe es vor mir, wie sie sich schüttelt und ihren schlanken Zeigefinger mit dem langen, schmalen Nagel auf mich richtet.

»Wenn das so wäre«, würde sie zu mir gesagt haben, »dann liefest ja wohl du, Seneca, von uns allen mit dem größten seelischen Schaden herum!« Und damit wäre das Thema erledigt gewesen.

Nero, ich habe dich bewundert dafür, wie du selbst dieses Thema, zumindest fürs erste, erledigen konntest. Du hast, was Agrippina dir anbot, genossen, soweit du es als der recht unverdorbene Jüngling, der du warst, zu genießen vermochtest, und hast sie anschließend dafür wie eine Hetäre der gehobenen Preisstufe bezahlt. Was wären jenes Gewand und die Edelsteine, die du aus dem, was Caligulas Auktion in Lugdunum vom Familienschatz übriggelassen, für sie auswähltest, anderes gewesen?

Du wolltest ihr, glaube ich, wirklich eine Freude bereiten, ihr deine Dankbarkeit zeigen. Hättest du mich gefragt oder Burrus, wir hätten dir voraussagen können, daß Agrippina in die fürchterlichste Tobsucht ausbrechen mußte, als man ihr dein Geschenk überreichte. Daß du sie wie eine Hure bezahlst, hat sie ihren Klienten freilich nicht erzählt, aber um so lautstärker bei ihnen Klage über dich geführt, weil du sie mit kümmerlichen Bruchstücken aus dem beschenkst, was erst durch sie dein eigen geworden ist.

Es zeichnet dich aus in der Reihe der Kaiser, die wir miteinander durchgegangen sind, daß du mit Geschenken schmerzendere Wunden zu schlagen vermagst als andere mit Dolchen und Schwertern. Du machtest weiter mit Acte. Wahrscheinlich hast du ihr dein Abenteuer erzählt. Sicher habt ihr darüber gelacht. Hell und herzlich, so wie man nur lacht, wenn man jung ist und verliebt. Es ist schön und tröstend, wenn wir ein Glück, das wir selbst schon aufgebraucht haben, wenigstens bei anderen beobachten dürfen.

Gleichzeitig mußte diese Parteinahme meines Herzens mich ärgern, weil sie mich in den bedauerlichsten Gegensatz zur Kaiserin rückte. Nur gut, daß ich nicht allein stand, daß Burrus da war und mich ermahnte.

Die entstandene Distanz zwischen dir und deiner Mutter verschärfte nur den Konflikt. Die Beschwerden, die Agrippina gegen dich führte, wurden dir zugetragen, natürlich verzerrt und angereichert mit Bosheit.

»Nun«, sagtest du, und ich gestehe, daß ich beeindruckt war von deiner Kaltblütigkeit, die sich einen Anstrich von Weisheit zu geben verstand, »da meine Geschenke sie verletzen, werde ich sie sicherlich beglücken, wenn ich ihr etwas nehme.«

Hättest du mir die Aufgabe gestellt, mir wäre auf die Schnelle nichts eingefallen, was du ihr hättest wegnehmen können.

»Ich werde Pallas entlassen.«

Gewiß war es ein Fehler von mir, daß ich dir nicht in den Arm griff. Als a rationibus hatte Pallas für Claudius die Staatsfinanzen in eine Ordnung gebracht, wie sie seit den Zeiten des vergöttlichten Augustus unbekannt geworden war. Pallas war der wichtigste Verbündete Agrippinas in ihrem langen, zähen und erfolgreichen Machtkampf gewesen. Ohne ihn hätte keiner von uns dort gestanden, wo wir waren. Sie nicht, Burrus nicht, ich nicht und vor allem du nicht, mein lieber Nero.

Aber Pallas und ich waren eben eine Zeitlang

Rivalen im Kampf um das Herz deiner Mutter gewesen. Ich sollte zugeben, daß Pallas das Ganze sportlicher, vielleicht müßte ich sogar sagen, stoischer nahm als ich. Ihn hat aber auch nie die eifersüchtige Rache des Claudius getroffen. Claudius wußte natürlich, daß auch Pallas zu Agrippinas Liebhabern zählte, ließ sich in seinen Gefühlen ihm gegenüber jedoch von der Dankbarkeit leiten, weil er in ihm den entscheidenden Vermittler bei der Eheschließung mit seiner Nichte erblickte.

Pallas hat weder Claudius noch Agrippina jemals vergöttert. Für Pallas existierte nur eine einzige göttliche Macht – er vertrat diesen Standpunkt sogar im Disput mit Philosophen –, nämlich das Geld. Wir waren schon aus diesem Grund Antipoden. In der Politik war seine Maxime: Gute Finanzen, guter Kaiser. An Selbstbewußtsein mangelte es diesem Freigelassenen nicht. Wie hätte es daran mangeln sollen bei einem Mann, dessen Vermögen sich auf wenigstens 300 Millionen Sesterzen belief? Als einmal der Senat für ihn hohe Ehrungen und eine Gratifikation in Höhe von 15 Millionen Sesterzen vorschlug, schmückte sich Pallas gerne mit den ihm verliehenen Titeln, beließ aber der Staatskasse dankend, was man ihm zuwenden wollte. Er hätte derselben das Geld wahrscheinlich erst vorstrecken müssen.

Er war aber frei, wenn schon nicht von der Arroganz, so doch von der Dummheit und Impertinenz, die Narcissus so unangenehm machten. Ich riet dir zu, dich von diesem tüchtigsten Diener des Hauses zu trennen. Ich habe damit gewiß weder dir noch Agrippina, aber, wie ich heute erkenne, Pallas einen großen Gefallen getan.

Noch in seinem Abgang bewies er, wie himmelhoch sein Genie über dem gewöhnlichen griechischen Krämertum stand. Er machte es zur Bedingung, daß man ihn für keine seiner im Amt begangenen Handlungen zur Rechenschaft ziehen würde. Du mußtest ihm quittieren, daß er dir so wenig schuldete wie du ihm. Er lächelte nicht nur, er strahlte über das ganze Gesicht an dem Tag, da er den Palast als Privatmann verließ. Ich mußte es mir gefallen lassen, daß er mich zum Abschied küßte wie einen Bruder.

Heute weiß ich es genauer. Pallas war der Schlaueste von uns. Niemand würde sich zwischen den Fronten erhalten können in dem Kampf, der entbrannt war zwischen deiner Mutter und dir. Er verließ die Arena zur günstigsten Stunde, nicht nur lebendig, unverletzt, sondern mit einem der größten Vermögen, die seit Romulus und Remus zusammengebracht worden sind. Beim Hercules.

Ich feierte im stillen seine Vertreibung als einen kleinen persönlichen Triumph. Wann kommt endlich der Centurio und präsentiert mir die Rechnung für meine dümmliche Häme, die ich in meinen moralischen Schriften zu geißeln vergaß?

Nur zur Hälfte ließ Burrus sich von mir überzeugen, daß es der Erweiterung unseres Spielraums diente, wenn wir zusahen, wie du Agrippina den ihrigen nahmst. Burrus sagte einen wuchtigen Konter von Agrippina voraus, war aber nicht minder erschrocken als ich, da wir gewahrten, womit sie herauskam.

Du, Nero, habest Britannicus um sein Erbe betrogen. Er sei der leibliche Sohn und der legitime Nachfolger des Claudius. Ich sehe noch unsere betroffenen Mienen, als wir diese Neuigkeit miteinander berieten, genauer gesagt, ich sehe die deinige und diejenige von Burrus, denn ich pflege für gewöhnlich nicht in den Spiegel zu schauen und kam unter dem Eindruck einer derartigen Drohung erst recht nicht auf die Idee, es zu tun.

Burrus hätte dir vorwerfen können, daß du Pallas ohne das geringste Fehlverhalten von dessen Seite gejagt hattest, statt dessen schalt er mich, weil ich dem zugestimmt hatte. Du warst zu dieser Sitzung aus Actes Schlafzimmer gekommen, deswegen erstaunte es uns nicht gar so sehr, als du verschlugst, Agrippina, die du bei dieser Gelegenheit erstmalig die »Wölfin« nanntest, der Vergöttlichung zuzuführen.

Den Blick, den Burrus mir zuwarf, als er das hörte, erinnere ich auch noch genau. Es ist die stoische Lehre: Was immer sich das Schicksal einfallen läßt, es darf uns nicht lähmen. Burrus, der Soldat unter uns, hatte seine Affekte unter Kontrolle. Er hielt sich bei dem finsteren Plan, den dir nach unserem Augenschein Acte eingeblasen haben mußte, gar nicht erst auf, sprang gleich weiter mit seiner Assoziation: Locusta.

Bevor wir irgendwelche klugen oder weniger klugen Schritte erwogen, mußte zuallererst dieses Weib festgesetzt werden. Das lag auf der Hand und bedurfte keiner Beratung. Sofort wurde ein Trupp Praetorianer zu ihr geschickt. Daß wir ihrer habhaft werden konnten, war uns eine wertvolle Beruhigung. Auch die Gegenseite beging ihre Fehler. Doch, doch, so war es, Nero. Wir nannten sie nicht unseren Feind, verbaten uns auch von dir das mit der Wölfin, aber wir saßen nicht mehr als ein Regierungscollegium, wir saßen als Kriegsrat zusammen. Agrippina war nicht mehr die beste aller Mütter, war nicht mehr die angebetete Augusta, sie war: die Gegenseite.

Der exakte Verlauf unseres Gespräches ist mir nicht mehr gegenwärtig, aber ich glaube, die Meldung von der geglückten Verhaftung der Locusta hat Burrus auf seinen nächsten Gedanken gebracht. Britannicus.

»Britannicus ist der leibliche Sohn und der legitime Nachfolger des Claudius. Er hat das Recht, an dem gleichen Gift zu sterben wie sein Vater.« So Burrus wörtlich.

Mehr noch als das Makabre dieses Humors hat dir die Drastik gefallen. Ich sprach gegen diesen Plan mit Vehemenz. Du bist mein Zeuge.

Nun verlor Burrus die Kontrolle über seine Affekte. Er warf mir etwas Unflätiges an den Kopf.

Als ich mich gegen eine solche Ausdrucksweise verwahrte, wurde er noch ausfallender und schimpfte mich einen jämmerlichen Sklaven der Vagina augusta.

»Was wird der Senat, was wird das Volk von mir halten, wenn ich meinen Bruder vergifte?«

Das war deine Frage, und der Ton, in dem du sie stelltest, klang ernst und erwachsen. Wir hatten nicht sofort eine Antwort darauf, aber das Nachdenken darüber machte Burrus und mich wieder besonnen.

»Es führt auf die Dauer für Britannicus doch kein Weg daran vorbei«, sagte ich schließlich. Ich würde es heute wieder so sagen. Wer nicht bereit ist zu töten, darf nicht gemeinsam mit einem militärischen Führer und einem Kaiser die Geschicke des Imperiums beraten. Trotzdem war ich dankbar, daß jetzt Burrus das Argument übernahm.

»Wenn wir es heute versäumen«, sagte er, »haben wir in ein paar Monaten, spätestens in einem Jahr die nämliche Situation.«

Mir ging durch den Kopf, was Britannicus mit mir anfangen würde, sollte es ihm gelingen, dich aus dem Principat zu verdrängen. Ich unterbrach Burrus nicht mit diesem Gedanken. Du solltest nicht glauben, ich handle aus Furcht um mein Leben, wenn ich mich in Sachen Britannicus umstimmen ließ.

»Agrippina fordert den alten Zwist, auf dessen Beilegung ihr gesamter Kredit beruht, wieder heraus. Wir handeln agrippinischer als Agrippina, wenn wir tun, wozu sie uns zwingt. Es geschieht in ihrem Interesse.«

Darüber wolltest du lachen. Ich konnte dir zeigen, wie recht Burrus hatte. Starb Britannicus jetzt, würde jeder, der ein ganz klein wenig Verstand besaß, erkennen, daß die Schuld an seinem Tod Agrippina trug. An ihre momentane Propaganda konnten ohnedies nur ganz Stumpfsinnige oder, noch schlimmer, aus Wunschdenken ihre Feinde glauben. Diese würden ihr sehr wenig Dank dafür wissen, falls sie, was wir durch Anwendung des angezeigten Mittels zu verhindern gedachten, mit ihrem Wahnsinn tatsächlich durchkommen sollte. Die letztendliche Verantwortung für den Tod des Britannicus würde nicht dir, sondern ihr angelastet werden und sie nötigen, für den Rest nicht gegen dich, vielmehr mit dir zu wirken.

Die meisten Schwierigkeiten bei der Durchführung des beschlossenen Plans machte uns diese Locusta. Sie wolle, behauptete sie, lieber selbst in den Tod gehen als ihre Hand zu dem des Britannicus leihen. Als wir sie für diese Bemerkung auslachten, rannte sie los und wollte sich den Schädel an einer Säule zertrümmern. Sie holte sich nur eine dicke Beule, und die Praetorianer, denen du befahlst, sie festzuhalten, hatten wegen ihres Lachkrampfs große Mühe, deiner Order Folge zu leisten.

Es war gemein, sich über die Alte lustig zu machen. Warum sollte eine Giftmischerin nicht auch ihre Portion Tugend und Ehre im Leib haben können? Ich bin nicht sonderlich stolz darauf, aber ich war der, der sie einfing. Wenn nun Agrippina sich von ihr das Gift für Britannicus gewünscht haben würde? Ob sie dann auch solche Umstände gemacht hätte? In dieser Art strickte ich sie ein und konnte nach dir auch sie überzeugen, daß wir für das Heil der Augusta vorübergehend ihre Methoden gegen sie anwenden mußten.

Burrus' Garantien für Locustas Sicherheit gegen Agrippinas eventuelle Rachegelüste, die von dir in Aussicht gestellte Belohnung taten das übrige. Schneller konnte selbst ein Freigelassener wie Pallas sein Geld nicht verdienen.

Wir blieben dennoch mißtrauisch gegen die Alte, bis Britannicus beim Gastmahl nach dem ersten Bissen alle viere von sich gestreckt hatte. Mir hattest du dankenswerterweise die Teilnahme an diesem Bankett erlassen, aber von Burrus durfte ich hören, du habest den Zwischenfall noch souveräner überspielt als Agrippina, nachdem Claudius von Halotus die Pilze serviert worden waren. Ja, ja, der arme Britannicus, habest du gesagt, als man ihn forttrug, es sucht ihn wieder einmal einer seiner lästigen epileptischen Anfälle heim. Es hat weiter nichts zu bedeuten. Seid lustig, eßt weiter. Trinkt. Britannicus wird sich gleich erholt haben und ist für die süßen Speisen bestimmt wieder bei uns.

Die germanische Leibwache hattest du Agrippina schon früher genommen. Wer weiß, was sie angestellt hätten. Natürlich machte Agrippina auch deswegen großes Geschrei. Sonderliche Resonanz hatte es nicht, weil man sich darüber wunderte, daß die Germanen sie und nicht den Kaiser beschützten.

Zur Wohnung bekam Agrippina von dir den Palast der Antonia. Hier hatte sie als Kind mit Caligula gute Zeiten verbracht, während der Rest der Familie in Syrien weilte. Warum sich nicht in die Rolle fügen, wie sie von Antonia so dezent und würdevoll gespielt worden war?

Sie war immer noch auf dem Palatin, du besuchtest sie wieder. Du bliebst nie lange und gingst auch nie ohne Begleitung von Praetorianern zu ihr. Das geschah mehr zu ihrem als zu deinem Schutz. Sie sollte nicht wieder ihre Brüste und Schenkel vor dir entblößen. Du würdest wohl manches Mal etwas länger verweilt haben bei ihr, hättest du dich darauf verlassen können, daß sie nicht unvermittelt wieder von Acte und Octavia anfing. Du gingst in der Erneuerung deiner Freundlichkeit ihr gegenüber sogar dahin, ab und an den Senat im Palast zusammenzurufen, wo sie wie früher hinter ihrem Vorhang den Verhandlungen zuhören durfte.

Burrus und ich waren regelmäßig bei ihr. Wir unterrichteten sie über die laufenden Geschäfte, baten sie in wichtigen Angelegenheiten um ihre Meinung, legten ihr aber auch manche Quisquilie zur Beurteilung vor.

Als Atimetus und Paris, die Freigelassenen deiner Tante Domitia, sie bei dir denunzierten und du sie schon wieder umbringen wolltest, weil sie angeblich eine Heirat mit Rubellius Plautus, mit ihm gemeinsam einen Staatsstreich gegen dich plante, konnte ich mit Burrus die Sache in aller Ruhe bereinigen. Wir verhörten Agrippina streng nach den Regeln, sie konnte ihre Unschuld beweisen, und die Strafe fiel auf die Sykophanten zurück.

Wir alle gewannen mehr und mehr das Gefühl, Agrippina habe sich in die veränderte Lage gefügt. Zwar ließ sich beobachten, wie das Verhältnis zwischen ihr und Octavia immer inniger wurde, weil aber gegen Acte keine Klagen mehr laut wurden, sorgten wir uns deswegen nicht über die Maßen. Uns tat die eingetretene Ruhe gut. Wir konnten das Imperium in seinen Grenzen erhalten, die Steuern senken und dabei die Einkünfte mehren. Die Dinge nahmen insgesamt einen glücklichen Verlauf, und es hätte sich um unsretwillen alles so in die Ewigkeit fortsetzen können.

Dann kam das Jahr deines dritten Consulats, das du gemeinsam mit Valerius Massala antratst. Wir wollten nur den eingetretenen Frieden sichern und einem der widerwärtigsten Unruhestifter sein schmutziges Handwerk legen. Ich rede von Bublius Suillius, der unter Claudius traurigen Ruhm erlangt hatte, weil er immer wieder als Ankläger aufgetreten war, um diesem Kaiser die Vorwände für Hinrichtungen zu liefern.

Ich wußte von Agrippina, daß ihr der Mann genauso verhaßt war wie mir, und ich glaube sogar, daß die Anregung, ihn vor die Schranken des Gerichts zu rufen, ursprünglich von ihr kam. Suillius hatte von den verschiedenen Parteien horrende Summen als Prozeßredner kassiert. Mir war es gelungen, einen Senatsbeschluß zur Verschärfung der Lex Cincia herbeizuführen, die solche Honorarleistungen an Advocaten nicht mehr nur wie unter Claudius auf 10000 Sesterzen begrenzte, sondern gänzlich verbot.

In dem Prozeß, in dem Suillius sich selbst verteidigen mußte, bewies er, daß seine Mandanten, auf deren Zeugnis sich jetzt die Anklage stützte, ihr Geld bei ihm vielleicht nicht ganz falsch angelegt hatten. Er bekümmerte sich nicht im geringsten darum, das Gericht von seiner Unschuld zu überzeugen, vielmehr nutzte er die Gelegenheit, eine flammende und leider auch mitreißende Rede gegen eine Person zu halten, die sich gegen das Gemeinwesen weit schlimmer vergangen habe als er. Diese Person war Seneca. Ich sei den Freunden des Claudius feindlich gesinnt, weil ich unter jenem Kaiser völlig zu Recht verbannt worden sei. Ich beschäftigte mich mit nutzlosen Studien. Daher mein Neid auf all jene, die als tüchtige Anwälte den Lohn ihrer Mühen empfingen. Er sei der Quaestor des Germanicus gewesen, ich der Verführer seiner schutzlosen Töchter. Welchem meiner Seelenkunststücke ich es zuschriebe, daß mir in den vier Jahren deiner Herrschaft ein Vermögen von 300 Millionen Sesterzen zugewachsen sei?

Ich habe diese Anwürfe und Verleumdungen mit ebender Seelenruhe, die ich lehre, an mir abgleiten lassen. Viele, viele Römer, die mir wohlgesinnt sind, weil sie mich kennen, konnten sich über die Frechheit des Suillius nicht so leicht beruhigen wie ich und trugen ständig neue Anklagepunkte hinzu. Ich tat ein übriges, die durch Suillius aufgeregten Zweifel an der Übereinstimmung meiner Philosophie mit meiner Praxis zu zerstreuen, und bat um ein mildes Urteil für den Mann, der inzwischen des Amtsmißbrauchs, der Unterschlagung, des mehrfachen Mordes für schuldig befunden worden war. Er wurde auf die Balearen verbannt, wo er dank großer Teile seines Vermögens, die man ihm ließ, ein üppiges und behagliches Leben noch heute führt und sich sehr bald über die Gerechtigkeit freuen darf, die dem Übeltäter Seneca widerfährt.

XV

Soll Suillius einen Tag länger auf seine späte Genugtuung warten. Seneca führt die Geschichte jenes bösen Jahres zu Ende.

Acte gefiel dir nicht mehr. Ich habe mich schon damals sehr ernstlich gefragt, ob es daran lag, daß deine Mutter nicht mehr gegen sie opponierte. Acte hat sich, nachdem du ihrer überdrüssig geworden warst, mir angeschlossen, hat mir alle Geheimnisse ihrer schönen Seele offenbart. Wenn eine Frau einen Mann lieben kann, Nero, dann hat dich Acte geliebt. Sie tut es übrigens immer noch.

Daß sie für dich nicht mehr als ein Spielzeug sein konnte, hat sie bedauert, nie darüber gejammert. »Nero kann nur *eine* Frau lieben«, hat sie einmal zu mir gesagt, »sein Feuer für mich war das Feuer, mit dem Agrippina mich haßte.« So kann es für einen Menschen ein großes Unglück bedeuten, wenn ein anderer aufhört, ihn mit seinem Haß zu verfolgen.

Wer diese Verhältnisse auf ähnliche Weise durchschaute wie Acte, war Otho. Er hat nach Actes Meinung Poppea nur geheiratet, um mit ihr seinen Handel zu treiben. Du fielst darauf herein, weil Otho schon zu Lebzeiten des Claudius dein Freund gewesen war und sein Benehmen dir gegenüber nicht änderte, als du zum Herrn über die Welt aufstiegst. Ich habe schon als dein Tutor vergeblich versucht, den Jungen von dir fernzuhalten. Es war nur ein instinktives Gefühl, und deshalb konnte ich Agrippina leider nicht davon überzeugen, daß Otho ein Freund ist, der dir gefährlicher werden könnte, als es Lepidus für Caligula war. Als Otho dich zu den Maskeraden und Sauftouren, zur Inkognito-Kumpanei mit der Hefe der Subura anregte, änderte sie ihre Meinung. Aber da war es zu spät.

Warum hätte Otho dir wie der gewöhnlichste Sklavenhändler so ausdauernd Poppeas Qualitäten anpreisen sollen, wäre er wirklich verliebt in sie gewesen? Dann hätte er doch wohl geschwiegen von seinem Glück, um sie für sich behalten zu können. Poppea traue ich es zu, daß sie in Otho nie etwas anderes gesehen hat als den Kuppler, der sie an den Kaiser heranbringen würde.

So hat er sich benommen, als du ihn um die Vermittlung der näheren Bekanntschaft mit der so wortreich Angepriesenen batest. Ja, ja, Nero, ich weiß schon, es handelt sich bei deiner Poppea um ein begnadetes Stück Fleisch. In dem, was du für die Liebe hältst, ist sie dir haushoch überlegen, soviel steht fest. In der Regierungserklärung, die ich dir schrieb, hattest du die strikte Trennung deiner häuslichen Angelegenheiten von den öffentlichen verkündet. Warum hast du Otho, als du ihm Poppea abkauftest, nicht als Privatmann bezahlt? Vielleicht wäre Agrippina dann weniger zornig geworden, und auch mir hätte es besser gefallen. Die Statthalterschaft über Lusitanien bekam Otho im Tausch für seine Braut. Hast du es nicht später bereut, daß du Otho fortgeschickt hattest? Hättest du ihm nicht gerne in allen Einzelheiten erzählt, wie Poppea sich jetzt in deinem Bett sogar noch geschickter anstellte als vorher in seinem?

So war nur Agrippina da, durch eifersüchtige Wut deine Gier nach Poppea zu stacheln. Und wie sie gekocht hat, als sie es erfuhr! Octavia war doch recht ansehnlich geworden inzwischen, hatte sich Bildung erworben und Geist, war sicherlich von ihrer Stief- und Schwiegermutter unterrichtet worden in jenen Künsten, auf die es dir vor allen anderen ankommt im Leben. Hätten die beiden auf mich hören wollen, hätte Octavia das Kitharaspielen erlernt. Vielleicht wäre dann aus euch beiden doch noch etwas geworden. Aber wie wäre es dir möglich gewesen, Octavia in die Augen zu schauen, nachdem du ihren geliebten Bruder Britannicus umgebracht hattest?

Das war ein Dilemma für Agrippina, das sie schier wahnsinnig machte. Sie sprach mit mir offen darüber. Sie hatte dich tausendmal verdammt und verflucht vor Octavia, hatte ihr Britannicus als warnendes Beispiel aufgestellt und sie ermahnt, stets auf ihrer Hut zu bleiben vor dir. Und dann sollte Octavia dich doch lieben und hoffen, eure Ehe würde sich eines Tages vollziehen und eine glückliche werden!

Ich stand diesmal zwischen den Fronten, und Burrus' Widerwille gegen Poppea war so unüberwindlich, daß es ihn noch stärker als mich zu unserer gemeinsamen Wohltäterin Agrippina hintrieb. Zu behaupten, Poppea sei Agrippina ebenbürtig gewesen, wäre nicht richtig. Keine Frau ist Agrippina je ebenbürtig gewesen. Nicht ihre Mutter mit Urne und Verbannung und freiwilligem Hungertod, nicht die vergöttlichte Livia, die durch Augustus und Tiberius die Grundlagen schuf, auf denen Agrippina ihre Macht aufgebaut hat. Ich schätze, es wird auch nie wieder eine Frau kommen, die den Vergleich mit Agrippina aushalten könnte.

Anders als Acte war aber Poppea für Agrippina doch eine Gegenspielerin, die sie ernst nehmen mußte. In einem Punkt, und zwar im entscheidenden, war Poppea sogar schlauer als Agrippina. Hätte ich das damals so genau zu erkennen vermocht wie heute, das Drama wäre anders verlaufen. Poppea verstand, daß jede Steigerung des Haßgefühls, das Agrippina ihr gegenüber hegte, sich ohne Verlust umwandeln ließ in Steigerung deiner Liebesempfindung zu ihr. »Warum heiratest du mich nicht, Nero?« Poppea. Hörst du sie sprechen? »Wer auf der Welt kann dir etwas verbieten? Bist du nicht der römische Kaiser? Oh, verzeih mir, Nero. Ich vergaß es schon wieder. Du bist ja der Sohn deiner Mutter. Deine Mutti erlaubt es dir nicht.« Ein andermal so: »Oh, Nero, wie schön das ist, in deinen Armen zu liegen! Aber wieviel schöner es wäre, wenn wir verheiratet wären! Ihre ganze Liebe kann eine Frau nur dem Mann schenken, mit dem sie verheiratet ist. Wir Frauen sind so von Natur. Wir können nicht anders. Wir halten immer noch etwas zurück, wenn wir nicht verheiratet sind. Wenn du mich nicht heiraten darfst, Nero, dann gib mich, ich bitte dich, dem Otho zurück. Er hat es gekonnt, und ich weiß, er liebt mich noch immer.«

Du versprachst Poppea, mit Agrippina zu reden. Vorher sprachst du mit mir. Ich weiß nicht mehr, ob es der richtige Weg war, den du einschlugst.

Ich ging zu Agrippina. Gerne, mit tausend Freuden wollte sie reden mit dir. »Ja, er soll kommen. Zu mir soll er kommen, mein Nero. Was will er nur immer von diesen Geschöpfen, denen ein so wundervolles Werkzeug der Lust geschenkt worden ist und die es zu dem niedrigsten aller Zwecke mißbrauchen, nämlich, um damit ihr Wasser zu lassen?«

Solche Worte hatte ich lange nicht mehr von Agrippina gehört. Ich bat sie, nicht an diesen Saiten zu zupfen. Aber ich wünschte es anders.

»Hat dich das viele Regieren mürbe gemacht?« fragte sie mich. »Oder hat dich das lange Philosophieren auf eine Stufe der Weisheit erhoben, auf welcher jede Begierde erlischt?«

Das bestätigte ich mit fester Stimme und sicheren Worten. Jede andere Frau, meine eigene voran, hätte ich damit überzeugt. Nicht Agrippina.

»Dann darf ich«, fuhr sie fort, »dich nicht mehr Seneca, muß dich ab jetzt Senilius nennen. Oder sollte etwa ich so zernagt worden sein vom unerbittlichen Zahn der Zeit, daß ich deinen Appetit nicht mehr errege? ›Der Honig, den die Götter saugen‹, so schwärmte einst Seneca, als er noch lyrischer war. Du mußt jetzt deinem Kaiser als Vorkoster dienen. Ich befehle es dir. Komm und probiere, ob der Saft sauer geworden ist über die Jahre.«

Da dir die Vergleichsmöglichkeit fehlt, darf ich dir sagen, er hatte sich kein bißchen verändert, der Geschmack dieses Saftes. Höchstens war er wie ein sehr guter Wein in der langen Zwischenzeit noch süßer, noch berauschender in seiner Wirkung geworden. Und der Poppea-Effekt machte sich auch an mir bemerkbar, er steigerte meinen Genuß an seine äußersten Grenzen, weil es so verboten, so verwerflich war, was wir taten.

Später im Bad sagte ich Agrippina meinen Auftrag. Agrippina war einverstanden, und es kam zu jener bedenklich-bedenkenswerten Aussprache zwischen Kaiser und Kaiserinmutter.

Burrus und ich, wir waren als deine Zeugen dabei, und sie brachte Acerronia mit, die letzte Frau aus dem Adel, die Agrippina in ihrem Sturz die Treue bewahrte. Agrippina gab sich stolz und nüchtern, als halte noch immer sie die Fäden der Macht fest in ihrer Hand, als seien Burrus und ich nubische Sklaven mit dem Amt, ihre Sänfte zu tragen, als seiest du, Nero, ein unvermeidliches Übel, da nach außen hin ein Mann das Principat darstellen mußte.

Dabei war sie in ihrer Redeweise, in ihrer Gestik und Mimik prüde wie eine Vestalin.

Sie fing wie üblich mit Germanicus an. Die Aufopferung seines Lebens, danach die Aufopferung ihrer großen Brüder, der älteren Agrippina, Caligulas Aufstieg, sein selbstverschuldeter Untergang. Ihre Verbannung, ihre heimliche Arbeit, durch Claudius der Familie das Principat zu erhalten. Ihr zäher Kampf gegen Messalina.

»Glaubst du, Nero, ich hätte Claudius geheiratet, weil er so schön war? Glaubst du, es wäre mir angenehm gewesen, dieser Vogelscheuche ihre geilen Wünsche von den Triefaugen zu lesen und sie ihm zu erfüllen? B-b-b-bück dich noch ti-ti-ti-tiefer!« Sie sagte es wirklich so und wirklich wie eine Vestalin, die nicht von sich selbst spricht, sondern die ungezügelte Sittenlosigkeit anderer geißelt. »Ich tat es für Rom, tat es für meinen Sohn. Ich weiß, daß du Poppea heiraten, daß du mich umbringen willst. Du mußt dich damit beeilen, mein Kind. Denn ich werde nicht zuschauen, wie du restlos alles, was ich aufgebaut habe, zerstörst.«

»Du siehst mich nicht, Mutter«, erwidertest du. »Du siehst nicht die neue Welt, die ich erbaue auf dem Fundament, das du angelegt hast. Ich bin jung. Ich werde länger als Augustus regieren. Ich liebe Poppea. Ich brauche die Kinder von ihr. Meine Ehe mit Octavia muß aufgelöst werden.«

»Läßt du dich von Octavia scheiden, verheirate ich sie mit dem Mann, der wert ist, die Welt zu regieren.« Das waren Agrippinas Worte, bevor sie sich mit Acerronia erhob und uns verließ.

Wir hatten schon begonnen zu spekulieren, wen sie gemeint haben könnte, da kehrte sie noch einmal zurück, diesmal ohne Acerronia und ohne das aufgesetzte Vestalinnen-Gehabe.

»Ich habe an meine Memoiren einen kleinen Appendix gefügt«, zischte sie mit der Stimme der Todgeweihten, die entschlossen ist, alles ihr irgendwie noch Erreichbare mit sich in den Abgrund zu ziehen. »Du, Nero, wirst, und mit dir die Welt, eine sehr interessante Neuigkeit über deinen natürlichen Vater erfahren. Für wen und mit welchem Gift ich Claudius zum Gott gemacht habe, steht genauso darin wie die zweite Anwendung von Locustas Rezept auf deinen Befehl an Britannicus, deinem Bruder. Auch dich, mein liebster Seneca, habe ich mit einem Paragraphen bedacht. Es findet sich haarklein unser letztes Gespräch aufgezeichnet. Die Verteidigung gestaltet sich ja gewöhnlich etwas schwerer, wenn man wegen desselben Verbrechens schon vorbestraft ist. Ich habe einige Abschriften davon an zuverlässige Freunde verteilt. Wenn mir etwas zustoßen sollte, wird der Text noch selbigentags in der Kurie verlesen.«

Ob es die Wirkung war, die dieser Auftritt bei dir zeitigte, ob du ungeschickt Poppea dies Gespräch dargestellt hast, jedenfalls strafte sie dich in den folgenden Tagen dafür, daß du deiner Mutter überhaupt zugehört hattest. Poppea zeigte sich nicht mehr auf deinen Empfängen, wie selbstverständlich sahen deine Gäste Agrippina auf ihrem Platz. Ich habe eine gute Lektüre unter der Öllampe in meinem Zimmer der Kerzenpracht deiner Feste mit dem schief gebildeten Gequatsche unserer in Mode befindlichen Dichter, dem ohrenbetäubenden Gegacker über scheinkluge Sentenzen stets vorgezogen, aber bei denen, die auf jene Aussprache folgten, war ich im Interesse des Staates zugegen.

Du schüttetest eimerweise von deinem schneegekühlten Gemisch in dich hinein. Man fürchtete, selbst betrunken zu werden, wenn man dir nur dabei zusah. Meine Begleiterin auf diesen Festen war Acte, nach Burrus das mit Abstand erträglichste Wesen an deinem Hof. Wir hatten uns so gelegt, daß wir dich und Agrippina stets im Auge behalten konnten. Wir beobachteten eure Bewegungen mit der gespannten Aufmerksamkeit, mit der man in der Schlacht die Manöver des Feindes verfolgt.

Du hattest einen Arm um die Schultern deiner Mutter gelegt. Du stelltest kurz den Pokal ab und griffst nach ihrer Brust. Agrippina schloß die Augen und bot dir die Lippen zum Kuß. Die Gäste, die es mitbekamen, redeten doppelt so schnell und doppelt so dumm, aus Angst, daß der Anblick ihnen die Kehle zuschnüren, die dann entstehende Stille im Saal sie ersticken könnte.

Wäre nicht Acte gewesen, beim Hercules, ich wäre selbst dazwischengesprungen. Acte torkelte, als wäre sie sinnlos betrunken, quer durch die Halle, streifte sich unterwegs die Tunika über den Kopf und warf sich dir nackt auf die Brust, fing mit ihren Lippen deine Zunge, die sich schon zum Mund deiner Mutter vorstreckte. Dir war es einerlei. Du wolltest nur Poppea bestrafen für ihre Bestrafung. Die Liebkosung der früheren Gefährtin mochte sie ebenso reizen wie der Austausch solcher Zärtlichkeiten mit der eigenen Mutter vor den Augen der Ritter und Senatoren.

Das Äußerste hatte Acte eben verhindert durch ihren tapferen Einsatz, aber in der Stadt hieß es anschließend doch, Kaiser Nero schlafe mit seiner Mutter. Mnester machte im Theater pantomimisch seine Witze darüber. Man hörte Kinder Spottverse singen, von denen einige die Handschrift der von dir gefütterten Literaten verrieten. In der Colonia Agrippinensis kursierte ein Gerücht, in dem sich ein länger zurückliegendes Ereignis mit den Neuigkeiten vermischte. Es hieß, du habest ihre Namenspatronin, weil sie sich deinen blutschänderischen Gelüsten verweigert, beim Empfang der Armenier von der Tribüne gestoßen. Das hatte schon für Unruhe bei den Legionen gesorgt.

Wir waren mit Agrippina ziemlich genau dort, wo wir uns nur wenig zuvor mit Britannicus befunden hatten. Burrus wußte es auch, aber diesmal war ich derjenige, der es aussprechen mußte. Wir suchten lange nach einem Ausweg, der uns erlauben würde, Agrippina am Leben zu lassen. Wir sahen damals keinen, und wenigstens ich habe bis heute, obwohl ich, ich darf sagen, täglich darüber nachdenken mußte, keinen zu entdecken vermocht.

Burrus bestand darauf, daß wir uns unbedingt Zeit lassen sollten. Das gefiel dir nicht, leuchtete aber jedenfalls ein. Wenn wir noch etwas warteten, würde Agrippinas Tod nicht mit den jüngsten Vorfällen und mit dem Gerede, das umging, in Verbindung gebracht werden. So oder so konnten wir für den Augenblick nichts unternehmen, da keiner von uns einen Plan bereithielt, der unsere Urheberschaft an Agrippinas Ende unkenntlich zu machen vermocht haben würde.

Was war von dem angeblichen Appendix zu ihren Memoiren zu halten? Ich konnte mir denken, was drinstand, blieb aber aus kluger Vorsicht damit in der Reserve. Unerträglich wurde dir deine Neugier. Burrus ließ auf deine Anweisung in allen verdächtigen Villen Hausdurchsuchungen vornehmen. Da sie ergebnislos verliefen, kam ich im Gespräch mit dir darauf, daß entweder Agrippina geblufft haben mußte oder Burrus auf ihrer Seite stand.

Ich schlug dir vor, zuerst das Gesetz abzuschaffen, das den Ehebruch anging. Das interessierte dich eher mäßig. Wer sollte den Schneid besitzen, den regierenden Princeps wegen seiner ehebrecherischen Beziehung zu Poppea vor das Gericht zu zerren? Nur Agrippina. Und die tat es nicht. Ich insistierte nicht weiter in der Sache, ich hätte es dir sonst unter die Nase gerieben, daß Agrippina mir doch noch einmal alles gewährt hatte. Um mich jetzt damit zu erpressen.

Burrus zögerte schon deswegen, weil Agrippina die Praetorianer aufgebaut hatte, lange bevor sie ihn an deren Spitze berufen. Da gab es in den Kohorten und bei den Centurionen Hundertprozentige, die sich verstellten und auf einen stillen Wink von ihr sofort ihr Schwert gegen dich erhoben hätten. Je länger wir warteten, um so wichtiger wurde Verstellung auch für dich. Du mußtest ihr schöntun, sie in Sicherheit wiegen. Wenn das Poppeas Zorn zur Weißglut anheizte, um so besser für uns.

Eine ganze Weile hofften wir, sie würde unserem Plan zuvorkommen und selbst einen Anschlag auf Agrippina verüben.

Inzwischen blieben wir emsig auf der Suche nach dem geeigneten Mittel. Gift kam nicht in Frage. Locusta hätten wir schon noch dahin gekriegt, uns etwas zu mischen, aber Agrippina war ja immun, wie du selbst es bist. Nicht einmal das wußten Piso, Epicharis und Konsorten! Auf die Praetorianer war kein Verlaß. Das lasen wir aus Burrus' Laviererei, die wir sonst nicht an ihm kannten.

Wir waren schon dazu übergegangen, ohne Burrus nach einer Lösung zu forschen, und ich durfte einmal mehr die Kühnheit deiner Kolossal-Phantasie bestaunen. Bei Bedarf regnet es Rosen aus der Deckenverkleidung in deinem Palast. Warum sollten deine Architekten nicht imstande sein, in einem der Landsitze, die sie seltener besuchte, Agrippinas

Schlafzimmer so zu präparieren, daß es zur rechten Stunde Dolche von der Zimmerdecke hagelte?

Der zündende Einfall kam dir bei einer dieser Wasserschlachten, die du so gerne auf dem künstlichen See am Vatikan aufführen läßt. Ein Schiff, das durch einen raffinierten Mechanismus in der Mitte aufgeklappt war, einige Tiere aus seinem Bauch entlassen hatte, um sich danach auf nicht weniger raffinierte Weise wieder zu schließen. Anicetus, dein guter, alter Erzieher, bis ich es leid wurde, das, was ich mit Mühe an Tugend in dich hineintrichtern konnte, mit der nämlichen Beständigkeit von diesem Luftikus wieder hinausgetrieben zu sehen. Ein dankbares Gedächtnis hast du ihm für seine Sabotage an meiner Pädagogik bewahrt und ihn zum Praefecten über die Flotte in Misenium gesetzt.

Anicetus erklärte uns den Bauplan des Schiffes und konnte deine Frage, ob sich so etwas auch in einem größeren Maßstabe, hochseetüchtig, anfertigen ließe, bejahen. Wir durften ihn relativ unbesorgt einweihen, wem ein solches Schiff zum Geschenk und tödlichen Verhängnis gemacht werden sollte, denn Anicetus ist wie du ein nachtragender Mensch. Er hatte, seit er auf dem schönen Posten des Tutors durch mich ersetzt worden war, seinen Groll gegen Agrippina bestens gepflegt. Mir war verziehen, weil ich jetzt bereitstand, die überfällige Rechnung gemeinsam mit ihm zu begleichen.

Richtiggehend wohl war mir nicht bei der Sache. Um aber dagegen reden zu können, hätte ich etwas Besseres vorschlagen müssen. Es roch mir stark nach Caligula, andererseits drängte sich der Plan deswegen auf, weil das Quinquatrus-Fest zu Ehren Minervas bevorstand.

Alljährlich leitet das Quinquatrus-Fest den Exodus der reichen, vergnügungssüchtigen Römer auf ihre campanischen Landhäuser ein, und Agrippina pflegte ebenfalls während dieser Saison in ihrer Villa in Bauli zu residieren. Poppea, der du unser Vorhaben inzwischen eröffnet hattest, war unter diesen Umständen sehr gerne bereit, ohne dich in Rom zurückzubleiben. So würde es eine feierliche Versöhnung unter den Auspizien der Minerva ganz nach Agrippinas Geschmack sein, ein prächtig ausgestattetes Schiff als dein Geschenk zur Besiegelung eures Friedens alles andere als ihr Mißtrauen erregen.

Ich wohnte mit Burrus diesmal in der Villa, die Piso dort hat. Ich muß wohl sagen: »hatte«. Hat er dir auf der Folter noch gestanden, daß Epicharis dich in diesem gastlichen Haus umzubringen gedachte?

Zunächst schien alles ganz genau unserem Plan entsprechend stattfinden zu wollen. Du hattest zum Fest bei dir in Baiae die Gäste nicht so zahlreich wie üblich geladen, dir dafür aber mit der Bewirtung außerordentliche Mühe gegeben. Agrippina erschien in ihrem kostbarsten Schmuck, schöner denn je. Alles drehte sich um sie, niemand konnte sich erinnern, sie bei besserer Laune gesehen zu haben. Du warst immer um sie herum, warst voller Liebe für sie und fandest die zärtlichsten Worte für deine Mutter. In dem Bewußtsein, daß es die letzten waren, die du ihr auf ihrem Weg in die Göttlichkeit mitgeben würdest.

Es war weit über Mitternacht, als Agrippina in einer durch deinen zur Schau getragenen Wandel in deiner Gesinnung ausgelösten, durch reichlichen Weingenuß zusätzlich angefeuerten Hochstimmung zur Rückfahrt nach Bauli ihren Schnellsegler besteigen wollte. Du gabst ihr das Geleit zum Hafen. Da zeigte sich, daß an ihrem Boot der Hauptmast gebrochen war. Nun kam dein Geschenk noch gelegener, du gingst mit ihr, Crepereius und Acerronia, die sie begleiteten, an Bord, wiesest sie auf all die tausend niedlichen Einfälle hin, die ihr das Reisen zu Wasser künftig vergnüglicher machen würden als irgend etwas in ihrem Leben. Ihr Angebot, ihr auf dieser Jungfernfahrt unter dem Sternenhimmel Gesellschaft zu leisten und bei ihr in Bauli zu nächtigen, lehntest du ab. Sie würde bestimmt nächstentags gleich wieder Lust bekommen, dir mit diesem Schiff erneut einen Besuch abzustatten.

Ein untrügliches Gespür für Gefahr hatte Agrippina immer bewiesen. Ihre Abneigung gegen Anicetus war extrem, ganz undenkbar, ihn das Schiff selbst steuern zu lassen. Der Kapitän, den Anicetus ausgewählt hatte, mochte zwar Agrippina gefallen, aber entweder verstand er sich nicht auf den Trick, das Schiff kentern zu lassen, oder er hatte sich eigenmächtig anders entschieden.

Die Kaiserin hatte sich nach einem Schlaftrunk mit ihren Gefährten auf den Sofas unter dem Sonnendach zur Ruhe begeben. Als plötzlich das Schiff sehr heftig zu schaukeln begann, krachte zunächst nur dieses Dach ein, das mit Bleiplatten beschwert war, von denen eine Crepereius am Kopf traf und ihn erschlug. Acerronia lag eingeklemmt unter den Trümmern. Nur Agrippina kroch unversehrt hervor.

Von dem Platz, an den sie sich gerettet hatte, konnte Agrippina beobachten, wie die Seeleute, die Ruder des Rettungsboots auf den Schultern, zu der Schreienden liefen, statt aber ihre Freundin zu befreien, ihr den Schädel einschlugen. Agrippina besann sich und sprang über Bord.

Caligulas Schwester! Schwimmend legte sie die Strecke zurück, zu deren Überwindung er Hunderttausende von Sklaven für seinen wahnwitzigen Brückenbau eingesetzt hatte!

Du, Nero, fandest keinen Schlaf in dieser Nacht. Ich war bei dir. Immer wieder liefst du zum Hafen, stießest Schreie wie von einem seltsamen Meerungeheuer hinaus auf die dunkel ins Endlose sich breitende Fläche.

Es wurde Morgen, es wurde Tag, aber die Nachricht, die uns erlösen sollte, wollte nicht kommen. Statt dessen ihr Bote, Agermus, einer ihrer Freigelassenen. Freudestrahlend verkündete er uns die wundersame Errettung seiner Herrin aus Schiffbruch und Lebensgefahr durch den ihr immer wohlgesinnten Neptun auf Beschluß Jupiters und der übrigen Götter. Du wolltest Agermus umarmen, ihm danken und ihn belohnen für die frohe Botschaft, die er dir brachte. Ich hielt dich zurück, denn ich erkannte unter dem Tuch seines Gewands den Griff eines Dolchs.

Die Wachen faßten ihn, ehe er zustoßen konnte. Du warst so erschrocken, daß du befahlst, ihm so, wie ihn die Wachen da am Boden hielten, den Kopf herunterzuschlagen.

Burrus murrte darüber. Er hätte Agermus vor seiner Hinrichtung gerne befragt. Ich war froh, daß uns Burrus wenigstens damit nicht mehr aufhalten konnte. Wir mußten jetzt ganz schnell Schluß machen mit Agrippina. Sie mußte zum Schweigen gebracht werden, bevor sie Alarm schlagen konnte.

Burrus widersprach nicht, wollte aber wieder nicht den Praetorianern die Hinrichtung von Germanicus' Tochter befehlen. Ich nahm es auf mich, die Erklärung an den Senat zu verfassen, die es den Vätern plausibel machen würde, warum Agrippina nach dem Scheitern ihres Anschlags auf ihren Sohn, der Schande zu entgehen, Selbstmord verübt hatte. Burrus zierte sich immer noch, obwohl du tobtest und ihm seine Entlassung androhtest. Wem hatten wir diese Situation zu verdanken? Anicetus.

Oh, welche Überraschung! Dein Centurio ist gekommen.

Appendix

Crispinus berichtet dem Wunsch des Verurteilten gemäß den Verlauf der letzten Stunden von Senecas Leben.

Paulina, die Herrin des Hauses, hat selbst auf das Klopfen die Türe geöffnet. Herein kommen Obaritus, Centurio der misenischen Flotte, Herculeius, Triremenkapitän, und Anicetus. Der Centurio entbietet Paulina, Statius und mir seinen Gruß. Er fragt, was ich schreibe. Es ist Senecas Wunsch, antworte ich. Ich soll alles, was noch geschieht in seinem Leben, was er noch sagen möchte, aber selbst nicht mehr aufschreiben kann, notieren. Der Centurio ist einverstanden.

Er fragt, wo Seneca sei. In seinem Schreibzimmer, antwortet Paulina. Wir sollen ihn rufen. Seneca kommt die Treppe herunter. Er ist ernst, aber sehr ruhig.

»Wir haben lange auf euch gewartet«, begrüßt Seneca den Centurio und seine Begleiter. »Aber jetzt, wo ich euch sehe, verstehe ich, was der Grund für die Verzögerung war. Ich danke Nero für den Vorzug, den er mir bis in diese Stunde bewahrt. Ich danke Nero, daß er mir die Freude dieses unverhofften Wiedersehens mit dir, Anicetus, mit dir, Herculeius, und mit dir, Obaritus, bereitet.«

CENTURIO: »Der Princeps und der Senat haben dich der Teilnahme an der Verschwörung des Piso für schuldig befunden. Du bist zum Tode verurteilt. Der Princeps läßt dir die freie Wahl in der Art deines Todes. Wir dürfen dein Haus nicht eher verlassen, bis wir deinen Tod festgestellt haben.«

SENECA: »So wünsche ich, daß vor den Anwesenden mein Testament verlesen wird.«

CENTURIO: »Seneca, du kennst die Gesetze besser als wir. Du hast nicht wenige von ihnen gemacht. Das Testament verliert seine Gültigkeit, sofern der Erblasser noch am Leben ist, wenn das Urteil ergeht.«

SENECA: »Warum sollte das Gesetz für Seneca eine Ausnahme machen? So geht mein sämtlicher Besitz an Nero zurück. Das ist nicht nur gesetzmäßig, es ist auch gerecht, denn ich besitze beinahe nichts, das mir nicht von Nero zum Geschenk gemacht worden wäre. Sagt Nero meinen Dank, daß ich so lange verfügen durfte darüber. Ich würde gerne vor meinem Tod meine Sklaven in die Freiheit entlassen.«

CENTURIO: »Das ist nicht mehr möglich, denn sie gehören schon Nero.«

SENECA: »Paulina, meine geliebte Frau, Crispinus, Statius. Gerne hätte ich euch für die Treue und Zuneigung, die ihr mir immer, die ihr mir in diesen vergangenen Tagen bewiesen, die ihr mir besonders in der Stunde, die vor uns steht, beweist, meine Dankbarkeit gezeigt. Ihr seht, daß ich von meinen Gütern nichts zu eurem Eigentum fügen kann. So empfangt als das einzige, was ich euch hinterlassen kann, das Bild eines in der Tugend vollbrachten und jetzt hier vor euch in der Tugend beschlossenen Lebens.« Paulina weint. »Paulina, freue dich mit mir, wenn ich das Gefängnis, in das das Leben uns sperrt, verlasse und auch das letzte Stück meiner Freiheit gewinne. Es ist der schlechtere Teil an mir, den du heute verlierst. Den besseren wirst du behalten in deiner Erinnerung an mich, in deinen Erzählungen von mir, und auch sind da ja noch meine Schriften, die dich, wann immer du magst, in meine Gegenwart setzen.«

Seneca und Paulina umarmen sich.

SENECA: »Statius, bist du bereit?« Statius nickt. Seneca prüft mit der Hand die Temperatur des Wassers in der Wanne.

SENECA: »Es könnte ein bißchen wärmer sein.« Es wird heißes Wasser nachgegossen.

SENECA: »Früher konnte mir das Wasser gar nicht kalt genug sein. Ich badete an den kürzesten Tagen des Jahres im Tiber. Heute, auf meine alten Tage, bin ich ein wenig verwöhnt und verweichlicht. Früher war aber auch das Wasser im Tiber nicht so verschmutzt.« Seneca prüft wieder die Wassertemperatur.

SENECA: »Jetzt ist es zu heiß. Nero läßt mich meine Todesart wählen. Ich will mir die Adern öffnen, nicht gekocht werden.« Es wird kaltes Wasser nachgeschüttet.

SENECA: »Jetzt ist es kälter als vorher.« Zu den Sklaven: »Daß ihr mir nicht mehr gehört, bedeutet nicht unbedingt, daß ihr aufhören sollt, mir zu gehorchen. Statius, sei mir ein Guter und sieh, daß es irgendwie erträglich wird mit dem Wasser.«

PAULINA: »Seneca, ich möchte mit dir sterben.«

SENECA: »Was sagst du da, meine liebste Paulina?«

PAULINA: »Ich habe so lange mit dir im selben Bette gelegen, ich will auch auf demselben Scheiterhaufen liegen mit dir.«

SENECA: »Du bist jung, Paulina. Deine Zeit ist noch nicht gekommen.«

PAULINA: »Seneca lehrt, daß es ohne jede Bedeutung für den Menschen ist, ob sein Leben lange währt oder kurz. Entscheidend ist nur, ob es gut gelebt worden ist oder nicht. Also entscheidet über mein Leben keine andere als diese Stunde. Verweigerst du mir, gemeinsam mit dir zu sterben, hast du nie gewünscht, mit mir zu leben.«

SENECA: »Beim Hercules, ich habe es dir auszureden versucht. Aber ich sehe, daß dein Herz nach diesem höchsten Ausdruck der Tugend verlangt. Du tust es nicht um meinetwillen, du tust es um deinetwillen, und deshalb erkenne ich diesen Beweis deiner äußersten Treue und

Tugend gern an. Ich wäre zufrieden gestorben. Jetzt, gemeinsam mit dir, sterbe ich auf der höchsten Höhe des Glücks. Aber langsam. Alles in der gehörigen Ruhe. Bringt Erfrischungen für den Arzt, für den Freund, dessen Griffel so flink über die Wachstäfelchen flitzt. Nur weiter so, Crispinus! Laß dir keine Silbe entgehen! Erfrischungen auch für unsere tapferen Soldaten von der Marine. Paulina, zum Bad wolltest du die Wanne nie mit mir teilen. Wir werden zum Sterben nicht neue Sitten einführen. Tragt also bitte Paulinas Wanne herein.«

Die Wanne wird gebracht, mit Wasser gefüllt. Obaritus, Anicetus, Herculeius lassen sich auf den Ruhebetten nieder. Es werden ihnen Trauben, Feigen und Käse gereicht. Seneca legt seine Kleider ab und steigt in die Wanne.

SENECA: »Nackt sind wir auf die Welt gekommen, nackt verlassen wir sie. Wir verspüren jeden Tag mit Wonne diese Rückkehr in unsere Natur, wenn wir die Tücher, die uns Anstand und Mode aufzwingen, von unserem Körper entfernen. Das Vergnügen, den Körper, der uns irgendwann ohne unser Wollen und Wissen angelegt wurde, abwerfen zu dürfen, ist leider einmalig, und ich habe lange warten müssen auf diesen Moment. Ich danke euch übrigens, daß ihr da seid. Es macht mir die Sache noch vergnüglicher, als sie es ohnedies ist. Besonders schätze ich eure Gelassenheit, daß ihr mit eurer Furcht nicht die überholt, die es angeht.«

Paulinas Wanne wird ganz dicht an die ihres Mannes gerückt. Sie entledigt sich ihrer Kleider und steigt hinein. Der Centurio schmatzt. Statius schneidet ihnen abwechselnd die Pulsadern auf.

SENECA: »Wenn ich die Hände unter Wasser halte, spüre ich beinahe nichts. Nur, wenn ich sie – so – heraushebe, brennt es ein wenig. Und bei dir, Paulina? Wie ist es bei dir?«

PAULINA: »Oh, bei mir brennt es sehr stark. Auch wenn ich sie unten halte. Und es sticht. Sticht, als drückte Statius noch immer mit seiner Klinge hinein.«

SENECA: »Du mußt dich entspannen.«

PAULINA: »Das sagen die Hebammen immer, wenn man ein Kind zur Welt bringen will. Wenn man dann brav sein will und sich ganz, ganz fest anstrengt, um sich zu entspannen, wird man nur noch verkrampfter.«

SENECA: »Nicht philosophieren, Paulina! Entspannen!«

PAULINA: »Ich entspanne mich ja. Aber es tut eben doch fürchterlich weh.«

SENECA: »Sieh mich an. Wie ich mich entspanne.«

PAULINA: »Kannst du deine Hände noch sehen? Bei mir ist schon alles ganz rot.«

Seneca versucht, in Paulinas Wanne zu schauen, kann sich aber nicht hoch genug über den Rand der seinigen heben. Statius hilft ihm dabei.

SENECA: »Du hast recht. Das ist eben deine Jugend. Bei dir spritzt es nur so heraus, bei mir will es kaum tröpfeln. Ich hätte vor dir anfangen sollen. Statius, was können wir machen?«

Statius schlägt vor, auch an den Beinen Adern zu öffnen.

SENECA: »Ich bitte darum. Aber nicht ritzen, schneide nur tüchtig hinein. Es tut mir nicht weh.«

Statius schneidet.

SENECA: »Ja, ich glaube, so ist es schon etwas besser. Ich spüre Kühle.«

Die Sklaven wollen heißes Wasser nachschütten. Seneca will ihnen ein Zeichen geben, kann aber seinen Arm nicht mehr heben.

SENECA: »Bleibt mir weg mit eurer Brühe! Sie ist mir sehr angenehm, diese Kühle. Sie steigt jetzt von den Füßen zu den Knien herauf. Es kribbelt nicht. Es ist die Versteifung. Die Füße bin ich schon los.«

PAULINA: »Seneca, siehst du das Licht?«

SENECA: »Welches Licht?«

PAULINA: »Dieses Licht, Seneca! Heller als jemals die Sonne.«

SENECA: »Ich sehe dich, meine geliebte Paulina.«

PAULINA: »Ich sehe nur Licht. Oh, dieses Licht! Was ist mit dir, Seneca? Stirbst du schon? Ich höre deine Stimme nicht mehr.«

SENECA: »Jetzt verdrießt es mich doch. Ich bitte euch, bringt Paulina in ein anderes Zimmer.«

Die Sklaven tragen Paulina in ihrer Wanne hinaus. Einige der Sklaven weinen leise. Die Wanne ist sehr schwer. Herculeius und Obaritus helfen beim Tragen.

SENECA: »Statius, jetzt stirbt sie mir weg. Es geht einfach zu langsam bei mir. Das Blut ist zu dick. Oder nicht ausreichend Druck auf der Pumpe. Gib mir das Gift. Reich mir den Becher, den Sokrates trank.«

Statius flößt Seneca den vorbereiteten Trunk ein. Seneca kontrolliert seine Lippen nicht mehr, viel von der Flüssigkeit entrinnt an den Mundwinkeln.

SENECA: »Es schmeckt eklig. Wir müssen unser Bild von Sokrates ändern. Was ist nun, Statius? Sagtest du nicht, es würde ziemlich stark brennen im Schlund, in der Speiseröhre, im Magen? Ich merke rein gar nichts. Hat man es hinter der

Kehle, fließt es hinunter wie Milch. Statius, dieses Gift taugt nichts. Es kann nicht das echte Rezept sein. Es ist mit Sicherheit nicht das, was sie Sokrates gaben.«

Statius erklärt Seneca, sein Kreislauf sei zu sehr geschwächt, um das Gift aufnehmen zu können.

SENECA: »Willst du jetzt ein Streitgespräch mit mir führen? Ausgerechnet jetzt? Wenn es so weitergeht, werde ich Herculeius bitten, mir seinen Knüppel über den Schädel zu ziehen. Ich habe noch ein Fläschchen von dem Gift der Locusta. Das ist erprobt. Statius, bring es mir bitte. Es steht oben auf meinem Schreibpult.«

Statius holt es. Seneca lehnt seinen Kopf zurück. Statius hält ihn im Nacken. Statius setzt Seneca vorsichtig den Hals des Fläschchens an die Lippen. Seneca nuckelt daran wie ein Säugling.

SENECA: »Es schmeckt ausgezeichnet. Ich könnte gleich noch ein Fläschchen trinken davon. Es muß geändert werden in der Geschichte. Britannicus und Claudius starben einen süßeren Tod als Sokrates. Die Kühle ist jetzt bei meiner Hüfte. Der Atem geht völlig normal. Wo ich doch Asthmatiker bin. Wem hatten wir diese Situation zu verdanken? Anicetus. Ja, Anicetus, schau nicht so dumm. Dir hatten wir es zu verdanken. Du hattest uns dein dämliches Schiff aufgeschwatzt, aber als es drauf ankam, hatte es nicht funktioniert. Was beschwere ich mich? Ich klebe ja auch noch immer zusammen. Doch. Das Gift wirkt. Ich sehe dich, Anicetus, aber nicht mehr hier. Ich sehe dich dort an jenem Mittag in Baiae bei Nero. ›Princeps‹, sagst du, ›ich bin beschämt. Strafe mich für mein Versagen. Oder verläng're mein Leben um diese Stunden, bis ich meine Schande ausgelöscht habe.‹ Obaritus, Herculeius, da seid ja auch ihr. Nero nickt. Warum gehe ich mit euch? Ich blieb doch damals bei Nero. Nein. Wir fuhren gemeinsam nach Bauli. Wir fanden Agrippina schlafend in ihrem Zimmer. Du, Herculeius, deinem Namen Ehre machend, mit einer Keule, Obaritus mit dem Schwert des Centurios und du, Anicetus, mit dem Dolch, den Agermus für Nero bestimmt hatte. Ihr wart alle drei bereit, sie zu töten. Aber keiner wagte es, sie aus ihrem kaiserlichen Schlafe zu wecken. Wie lange standen wir vor ihrem Bett? Sie erwacht, findet noch nicht ganz zu sich. ›Agermus, bist du es?‹ fragt sie in ihrer Schlaftrunkenheit. ›Hast du es erledigt?‹ Anicetus zieht die Vorhänge auf. Agrippina erkennt mich. Sie lächelt. Dann erst sieht sie die Keule, das Schwert. ›Ihr seid gekommen, um mich zu töten‹, sagt sie, ruhig in der Stimme, so, wie ich es jetzt bin. ›Tut, was ihr wollt. Aber sagt mir nicht, daß Nero euch schickt. Nie, nie würde Nero das tun. Mein guter Sohn.‹ Nero tut nichts. Er wartet vorm Haus. Herculeius schlägt zu mit seinem mächtigen Knüppel. Aber Agrippina ist schneller. Der Prügel trifft nur ihr Kissen. ›Nicht auf den Kopf, ihr Ungeheuer!‹ brüllt sie uns an, und wir zucken zusammen, stehen gelähmt. Schon hat sie sich gedreht mit dieser Geschwindigkeit, die ihr nie eine Tänzerin nachmachen wird. Weit gespreizt sind ihre Schenkel, der geöffnete Schoß hebt sich uns entgegen. ›Hier hinein‹, ruft sie uns zu, ›da, wo er herauskam. Hier hinein, erst mit dem Dolch, dann mit dem Schwert, dann mit dem Knüppel!‹ Agrippina, du lebst! Hier hinein! Agrippina, hier bin ich! Ich komme zu dir. Ich schreite durch diese rosige Pforte. Agrippina, ich bin bei dir! Ich wußte es immer: Die Seele ist un– «

Mitten im Wort brach Seneca ab. Aber alle, die wir dabeistanden, waren sicher in dem Gefühl, daß er das Wort, den Satz zu Ende gesprochen hat in einer anderen Welt, nicht mehr hörbar unseren Ohren, die die Ohren von Sterblichen sind.

ARCHE
PARADIES

Herausgegeben
von Denis Scheck

Autoren aus aller Welt erzählen vom Sinn der Sinnlichkeit:
Kathrin Aehnlich, Herman Bang, Thorsten Becker, Richard F. Burton, Remco Campert, Albert Camus, Anthony Capella, T Cooper, Liane Dirks, Stephen Elliott, Idwal Jones, Joachim Kersten, Paul Klee, Jerzy Kosinski, Sabine Küchler, Klaus Mann, Anka Muhlstein, Marie NDiaye, Pablo Picasso, Fritz J. Raddatz, Jürgen Ritte, Sybil Gräfin Schönfeldt, Friedrich Sieburg, Ilija Trojanow, David Foster Wallace

MIX
Papier
FSC FSC® C014496

Originalausgabe
1. Auflage

Umschlag: Kathrin Steigerwald, Hamburg
Umschlagmotiv: © Bridgeman Art Library / Antonio Zanchi
Satz: Greiner & Reichel, Köln
Druck und Bindung: GGP Media GmbH, Pößneck
Printed in Germany 2011
ISBN 978-3-7160-2667-0

www.arche-verlag.com